Disneyland
Resort Paris

Entdecken Sie Europas größte Erlebniswelt

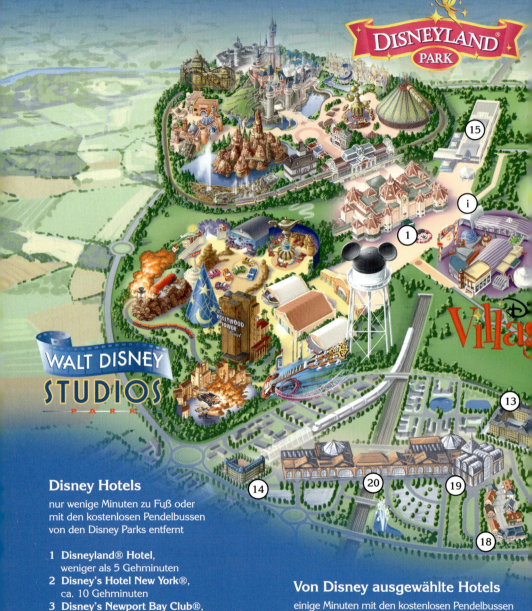

Disney Hotels

nur wenige Minuten zu Fuß oder
mit den kostenlosen Pendelbussen
von den Disney Parks entfernt

1 **Disneyland® Hotel**,
weniger als 5 Gehminuten
2 **Disney's Hotel New York®**,
ca. 10 Gehminuten
3 **Disney's Newport Bay Club®**,
ca. 15 Gehminuten
4 **Disney's Sequoia Lodge®**,
ca. 15 Gehminuten
5 **Disney's Hotel Cheyenne®**,
ca. 20 Gehminuten
6 **Disney's Hotel Santa Fe®**,
ca. 20 Gehminuten
7 **Disney's Davy Crockett Ranch®**,
ca. 15 Autominuten (kein Pendelbusservice)

Von Disney ausgewählte Hotels

einige Minuten mit den kostenlosen Pendelbussen
von den Disney Parks entfernt

8 Vienna International Dream Castle Hotel
9 Vienna International Magic Circus Hotel
10 Thomas Cook's Explorers Hotel
11 Kyriad Hotel
12 Radisson SAS Hotel
13 Adagio City Aparthotel Val d'Europe
14 Hotel l'Elysée Val d'Europe

Disneyland Resort im Überblick

Transport, Shopping und mehr

15 Pendelbusse, RER und TGV-Bahnhof Marne-la-Vallée/Chessy
16 Golf Disneyland®
17 Davy Crockett's Adventure
18 La Vallée Village
19 SEA LIFE Aquarium
20 Val d'Europe Einkaufszentrum
i Ile-de-France Touristeninformation

Diese Karte ist nicht maßstabsgerecht

Disneyland Resort Paris

Die magischen 208 Seiten

6	Allgemeine Informationen zum Buch und dem Resort
7	Disneyland Park
8	Die Entstehung des Disneyland Park
14	Main Street, U.S.A.
24	Fantasyland
40	Discoveryland
52	Adventureland
64	Frontierland
76	Paraden & saisonale Highlights im Disneyland Park
83	Walt Disney Studios Park
84	Die Entstehung des Walt Disney Studios Park
88	Front Lot
92	Toon Studio
102	Production Courtyard
112	Backlot
122	Paraden & saisonale Highlights in Walt Disney Studios Park
123	Disney Village
124	Disney Village – Abendunterhaltung à la Disney
131	Buffalo Bill's Wild West Show
133	Val d'Europe
134	Val d'Europe – Shopping, Wohnen und Freizeit
137	Anreise und Übernachten
138	Anreise nach Disneyland Resort Paris
140	Übernachten in Disneyland Resort Paris
165	Disneyland Resort Paris von A bis Z
179	Mehr erleben in Disneyland Resort Paris
180	Golf Disneyland
182	Convention Center
184	Hidden Mickeys – versteckte Botschafter im Park
186	Pin Trading
187	Shopping in Disneyland Resort Paris
190	Imagineering
198	Die bessere Tagesplanung
201	Walt Disney – die Legende lebt weiter!
208	Impressum / Bildnachweis

Allgemeine Informationen zum Buch und dem Resort

Disneyland Resort Paris besteht aus zwei Themenparks, dem Unterhaltungsviertel *Disney Village*, zahlreichen Übernachtungsmöglichkeiten, einem großen Golfplatz sowie dem Einkaufszentrum *Val d'Europe*. Auf einer Gesamtfläche, die etwa einem Fünftel von Paris entspricht, ist hier das ganze Jahr über immer etwas los.

> **Adressen**
>
> Disneyland Resort Paris
> F-77777 Marne-la-Vallée
>
> Telefon: 01801-200313
>
> (0,039 EUR/Min. aus dem deutschen Festnetz, Mobilfunk ggf. abweichend)
>
> www.disneylandparis.com

Über 50 Attraktionen warten alleine in den beiden Parks, *Walt Disney Studios Park* und *Disneyland Park*, auf die Besucher. Fast 60 Restaurants bieten eine unübertroffene Vielfalt bei der Gastronomie – von klassischem Fast Food bis zu erlesenen Köstlichkeiten der Haute Cuisine. Das *Disney Village* ist mit seinem Angebot an Kinos, Shops, Bars und sogar einer Diskothek genau das richtige für Spaß und Unterhaltung am Abend. Und mit dem Shopping Center *Val d'Europe* liegt ein riesiges Einkaufszentrum in greifbarer Nähe.

> **Öffnungszeiten**
>
> Beide Parks haben ganzjährig von mindestens 10 bis 18 Uhr geöffnet. Je nach Saison gibt es auch verlängerte Öffnungszeiten – weitere Informationen dazu können Sie auf www.disneylandparis.com finden.
>
> Tageseintrittskarten für das Disneyland Resort Paris und weitere Informationen finden Sie auch unter www.parkscout.de.

Keine Wünsche bleiben offen

Egal, ob Sie nun eine Pauschale mit mehreren Aufenthaltstagen buchen möchten oder bei Ihrem nächsten Paris-Besuch einen Tagesausflug nach *Disneyland Resort Paris* machen: Hier bleiben keine Wünsche offen. Das vorliegende Buch soll Ihnen sowohl bei der Vorbereitung der Reise als auch vor Ort dabei helfen, ein wenig Ordnung in die Vielfalt der Angebote zu bringen.

Viel Spaß im Resort wünscht Ihre

Parkscout-Redaktion

> **Zeichenlegende im Buch**
>
> **Attraktionen**
>
> **Megaspaß für die Kleinen**
> Selbst die kleinsten Gäste werden sich bei diesen Attraktionen amüsieren
>
> **Ideales Familienabenteuer**
> Bei diesen Attraktionen ist für jeden etwas dabei!
>
> **Action pur!**
> Machen Sie sich auf ein sensationelles Erlebnis gefasst!
>
> **Restaurants**
>
> €   **Preisklasse bis ca. 11 EUR**
>
> €
> €   **Preisklasse bis ca. 25 EUR**
>
> €
> €
> €   **Preisklasse ab 25 EUR**

Disneyland Park

Die Entstehung des Disneyland Park

Nachdem *Disneyland* und *Disney World* in Amerika zu riesigen Erfolgen wurden, war es abzusehen, dass eine Ausdehnung auch auf andere Kontinente nur eine Frage der Zeit sein konnte. Walt Disney selbst hatte noch zu Lebzeiten erwähnt, dass er gerne einen Park in Europa sehen würde – dort, wo viele seiner erfolgreichsten Filme ihre geschichtlichen Wurzeln haben. Als die Pläne viel später, im Jahre 1984, in die Tat umgesetzt werden sollten, hatte man bereits über eintausend verschiedene Örtlichkeiten in Betracht gezogen und diese nach und nach unter die Lupe genommen. Neben den klimatischen Bedingungen machten auch Bodenverhältnisse oder Verkehrsanbindungen die Suche nach dem richtigen Kandidaten schwierig. Schließlich – es war bereits 1985 angebrochen – blieben nur noch zwei Kandidaten übrig: Spanien – mit dem Ort Salou bei Barcelona, sowie Marne-la-Vallée bei Paris. Während Spanien mit dem „besseren" Wetter lockte und bereits viele Sommertouristen vorweisen konnte, sprach für den französischen Standort die Lage mitten in Europa und somit die größere Zielgruppennähe.

Zusammen mit dem bereits gut ausgebauten Straßennetz führte auch das Versprechen der Regierung, für eine eigene Anbindung an das TGV-Schnellzugnetz sowie nicht zuletzt für weitreichende Steuervergünstigungen zu sorgen, dann schließlich zum Zuschlag.

Der andere Kandidat, Salou, ging übrigens auch nicht vollkommen leer aus: Auf dem Gelände, wo um ein Haar das Königreich der Maus entstanden wäre, befindet sich heute der Freizeitpark „PortAventura".

Am 24. März 1987 erfolgte schließlich die endgültige Unterzeichnung der Verträge und die Bauarbeiten konnten beginnen. Fünf lange Jahre sollte es nun dauern, bis die ersten Besucher die *Main Street U.S.A.* herunterschlendern konnten.

Konzepte und Ausführungen

Als Walt Disney in den 1950er Jahren nach kreativen Köpfen für sein erstes *Disneyland*-Projekt suchte, wurde er schnell fündig: Dis-

Unten: Die zahlreichen Türme des märchenhaften Dornröschenschlosses
Rechts: Kinderherzen schlagen höher

Die Entstehung des Disneyland Park

ney war überzeugt, dass seine Künstler, die so wundervolle Filme wie „Schneewittchen", „Pinocchio" und „Bambi" geschaffen hatten, auch seine Träume von einem magischen Königreich in die Realität umsetzen könnten. Diese ehemaligen Zeichner wurden die allerersten Imagineers (eine Wortschöpfung aus „Imagination" und „Engineering"). Seit jenem Tag haben die „Traumingenieure" hunderte Attraktionen, Shows, Restaurants und Geschäfte für die Disneyparks geschaffen.

Und nun begannen sie damit, ein *Disneyland* zu „erträumen", das völlig neu war und dessen Themen-Länder alle sorgsam umgestaltet wurden, um jedem von ihnen eine einmalige Atmosphäre zu verleihen. Jedes der fünf *Euro Disneyland*-Länder – *Main Street U.S.A., Frontierland, Adventureland, Fantasyland* und *Discoveryland* – war eine Neuschöpfung, die nicht das US-Original kopierte, sondern versuchte, die Idee und das Thema dahinter neu zu überdenken.

Es war den Imagineers klar, dass *Euro Disneyland* immer noch das gleiche Layout wie die restlichen *Magic Kingdoms* Disneys haben müsse: Es würde eine Main Street geben, die direkt in den Park führen würde; ein Märchenschloss direkt im Herzen des *Magic Kingdom* und eine Eisenbahn, die *Disneyland* umfährt.

Zunächst war zu klären, wie „amerikanisch" die Main Street werden sollte – schließlich sollte vor allem der Eingangsbereich zum Park einen guten Eindruck hinterlassen und nicht zu kitschig wirken. Man entschloss sich daher, nur echte Baumaterialien wie Holz und Stein zu verwenden und nicht Fiberglaskulissen, wie man es bereits in anderen Parks getan hatte.

Außerdem würde es Arkaden geben, die rechts und links parallel zur Straße verlaufen sollten. Zum einen würden diese Arkaden als zusätzlicher Bewegungsraum dienen,

Die Entstehung des Disneyland Park

wenn die Main Street überfüllt sein sollte – etwa wenn Paraden stattfänden oder kurz vor Parkschließung. Zum anderen würden diese Arkaden Schutz vor den regelmäßigen Regenschauern in der Ile de France bieten – was dann zum Hauptargument für die endgültige Entscheidung für diese Arkaden wurde. Disney wusste, dass es seinen europäischen Gästen genügend überdachten Raum bieten musste, und die Arkaden erschienen wie die perfekte Lösung.

Eine weitere Frage war, wie man den eigentlichen Parkeingang gestalten sollte. Er sollte beeindruckend werden, um anzudeuten, was hinter dessen Toren lag. Eine der ersten Ideen war, den ganzen Eingang wie ein altes Eisenbahnhotel aussehen zu lassen.

Das war ein ziemlich logischer Gedanke unter dem Aspekt, dass der Bereich direkt zwischen dem geplanten TGV-Bahnhof, der das Resort mit Europa verbinden sollte, und der *Main Street Station* lag, von wo aus die *Euro Disneyland Railroad* zu ihren Rundfahrten aufbrechen sollte. Als diese Pläne voranschritten, kam auf einmal die Frage auf „Wieso machen wir daraus nicht gleich ein Hotel?". Dies erschien geradezu perfekt. Disney hatte bereits versprochen, ein paar tausend Hotelzimmer zu bauen, und allein der Gedanke daran, wie beeindruckend es sein musste, mit einem Blick auf die Main Street aufwachen zu können, reichte zur Verwirklichung des *Disneyland Hotel*.

Unten: Prächtig und einladend – das Disneyland Hotel ist gleichzeitig Eingang zum Disneyland Park.
Rechts: Zugang zum Wilden Westen – Frontierland

Die Entstehung des Disneyland Park

Den Wilden Westen neu erschaffen

Neben der Main Street sollte noch ein weiteres Beispiel puren Amerikanismus im *Euro Disneyland* zu finden sein: *Frontierland*.

Die Imagineers wussten, dass sie *Frontierland* mit seinen aufregenden Attraktionen nicht einfach auslassen konnten. Dieses Land war unverzichtbar in einem *Magic Kingdom,* und man war der Meinung, dass sich kein Europäer über dieses hundertprozentig amerikanische Themengebiet aufregen würde. Aber sie versuchten auch europäische Ideen über die amerikanische Geschichte des 19. Jahrhunderts in ihre Pläne mit einzufügen. Sie benutzten Klischees, die die Europäer über diese Zeit der amerikanischen Geschichte hatten. Während in anderen *Magic Kingdoms Frontierland* ein eher entspannt wirkendes Gebiet an einem Fluss wie dem Mississippi darstellt, sollte dieses neue *Frontierland* viel energiegeladener und voller Leben sein. Es sollte nicht den „Alten Westen", sondern den „Wilden Westen" darstellen, inklusive Cowboys, Indianern und einer Stadt, die direkt aus einem John-Wayne-Film zu kommen schien.

Als nächstes war *Adventureland* an der Reihe. Für das kleinste aller „Länder" in *Euro Disneyland* hatte man sich für ein ganz besonderes Thema entschieden: den Orient. Die Imagineers waren der Meinung, dass der Orient für Europäer eine der größten Quellen an Märchen, Legenden und Abenteuern war. Seit Jahrhunderten hatten die wilden Geschichten von Sindbad dem Seefahrer,

Die Entstehung des Disneyland Park

Ali Baba und seinen vierzig Räubern sowie von Aladin und seinem Flaschengeist das Abendland fasziniert. Sie erschufen eine arabische Stadt, die direkt aus der Wüste zu kommen schien, als Eingang von *Adventureland*. Die Minarette erinnerten an Moscheen und tief in dieser Stadt verborgen fand sich ein Basar, der ein paar exotische Geschäfte beheimatete. So wie in alten Legenden diente der Orient hier als geheimnisvolles Tor zum Abenteuer.

Außerdem erschuf man eine Abenteuerinsel, ein gigantisches Baumhaus, künstliche Höhlen und ein Piratenschiff, auf dem sich Kinder wie Captain Hook fühlen können. Die einzige Fahrattraktion, die am Eröffnungstag in *Adventureland* zu finden sein sollte, war *Pirates of the Caribbean* – zu Hause in einem spanischen Karibikfort. Später folgte noch eine Achterbahn, die sich an die Geschichten um den berühmten Film-Archäologen Indiana Jones anlehnt. Und so wurde *Adventureland* zu einer exotischen Welt, die ihrem Namen alle Ehre machte: ein Ort, voll von Abenteuern.

Die phantasievolle Kopie

Fantasyland wartete wohl mit dem prominentesten Problem für Walt Disney Imagineering auf: das Märchenschloss, das nicht nur als Eingang zum Zuhause von Figuren wie Dornröschen, Schneewittchen und Alice im Wunderland dienen sollte, sondern auch das Wahrzeichen des ganzen Unternehmens sein würde. Wie könnte man ein falsches Schloss auf einem Kontinent erschaffen, der voll von wunderschönen Originalen war, die schon unzählige Träumer seit Jahrhunderten beflügelt hatten?

Sie mussten etwas komplett Eigenes erschaffen, um die Aufmerksamkeit zukünftiger Besucher zu erregen. Sie konnten nicht einfach kopieren, was bereits existierte. Und als das endgültige Design des *Château de la Belle au Bois Dormant* abgesegnet wurde, schuf der Künstler Frank Armitage eine wunderschöne Konzeptzeichnung, die man auch heute noch in *Disneyland Resort Paris* bewundern kann.

Captain Hooks Piratenschiff vor der Adventure Isle

Die Entstehung des Disneyland Park

Die Aufgabe, *Fantasyland* zu gestalten, erwies sich als nahezu ebenso schwierig wie die Planung des Schlosses. Im Laufe der Jahre hatte Disney zahllose europäische Märchen und Figuren, von Schneewittchen über Pinocchio bis hin zu Aschenputtel, genommen und sie in amerikanische Filme verwandelt. Und nun war es also an der Zeit, die Filmversionen dieser beliebten Figuren wieder nach Europa zurückzubringen – was sicherlich nicht leicht war.

Grundsätzlich erkannten die Imagineers die Nationalität eines jeden Märchens an und so wurden Attraktionen wie *Peter Pan's Flight*, *Alice's Curious Labyrinth* und das *Toad Hall Restaurant*, die alle auf englischen Geschichten basieren, zusammengruppiert. Zum Schluss war *Fantasyland* zu einem perfekten Spielplatz für Märchen aus aller Herren Länder geworden.

Discovery statt Tomorrow

Besonderes Fingerspitzengefühl erforderte die Planung des *Discoveryland*. Die Erfahrung mit dem *Tomorrowland* in den anderen Parks hatte gezeigt: Nichts wird so leicht zu Gestern, wie das Morgen. Statt sich also mit einer Zukunftsversion in die falsche Richtung zu begeben und somit ständige Um- und Neubauten in Kauf zu nehmen, um weiterhin futuristisch zu wirken, entschieden sie sich, einen ganz neuen Weg zu gehen: eine Zukunft zu schaffen, die niemals war. So konnten sie hier auch verschiedenen europäischen Visionären Ehrerbietung erweisen, wie Leonardo da Vinci oder dem Vater der europäischen Science-Fiction-Literatur: Jules Verne. *Discoveryland* wurde wirklich ein Ort, den es zu entdecken galt, mit Bildern aus vergangenen und aus kommenden Zeiten sowie realisierten Visionen einiger der größten Geister der vor allem europäischen Vergangenheit.

Treffen mit den Disney-Figuren

Vergangenheit und Zukunft

Nach einigen schweren Anfangsjahren des *Euro Disneyland* und der Umbenennung zum ersten Oktober 1994 in *Disneyland Park* blickte man nun weiter in Richtung Zukunft und nahm den Bau eines Filmparks in Angriff – denn getreu Walt Disneys Worten werden die Disney Themenparks niemals fertig gestellt sein, solange Vorstellungskraft und Phantasie noch leben.

Im Sinne dieser Aussage entwickelt und verwandelt sich auch das *Disneyland Resort Paris* ständig. ∎

Der amerikanische Traum

Attraktionen

Disneyland Railroad Station
Alles einsteigen und per Dampflok durch den Park
Discovery Arcade
Ausstellungsgalerie rund um das Zeitalter der Erfindungen
Liberty Arcade
Ausstellungsgalerie rund um die Freiheitsstatue

Restaurationen

Market House Deli
Sandwichs, Baguettes
Casey's Corner
Hot Dogs, Hamburger
Victoria's Home-Style Restaurant
Snacks, Kuchen
Plaza Gardens Restaurant
Büfett mit internationalen Spezialitäten
Walt's – An American Restaurant
Typisch amerikanische Küche

Mit dem *Town Square* und der *Central Plaza* bieten sich zwei offene Großplätze für die Paraden sowie für saisonale Specials.

Die *Main Street Vehicles* befördern die Gäste stilecht in einer Pferdestraßenbahn oder einem alten Feuerwehr-Auto zwischen den beiden Plätzen hin und her. Immer wieder hört man den unverwechselbaren Hupton, der jeden Besucher sofort an Oldtimer erinnert. Ein Abtauchen in das Amerika vergangener Tage, in die Geschichte der Freiheitsstatue, aber auch in das Leben der Menschen um die Jahrhundertwende wird einem hier ermöglicht.

Mit sehr viel Phantasie, Liebe zum Detail, aber auch mit einigen Kniffen wird hier eine beinahe lebensecht wirkende Kulisse geschaffen. So sind die Fenster der oberen Häuseretagen auf der Hauptstraße etwas kleiner als die der unteren – optisch entsteht dadurch der Eindruck von mehr Gebäudehöhe. Links und rechts der Hauptstraße liegen die überdachten Arkaden, die besonders bei Regen Schutz vor schlechter Witterung bieten und trotzdem den Zugang zu allen Shops und Restaurants garantieren. An trockenen Tagen geht es in diesen Arkaden parallel zur mittleren Straße deutlich ruhiger zu.

Walt Disneys eigene Kindheitserinnerungen an Missouri waren es, die dem Entree des Parks sein Aussehen und Flair verleihen.
Auch wenn dieser Themenbereich fast vollkommen ohne Fahrattraktionen auskommt, kennt doch jeder Disneybesucher das emsige Treiben in diesem Teil des Parks. Geschäfte, Restaurants und Boutiquen säumen die Wege auf der Hauptstraße, aber auch in den beiden Arkaden.

Der amerikanische Traum

Die namensgebende *Main Street U.S.A.* selbst wirkt wie eine Reise zurück in die Zeit der Wende vom 19. zum 20. Jahrhundert, erzählt von den Träumen der Menschen damals, zeigt die Architektur, und wie sich einst Walt Disney für den allerersten Disneypark in Anaheim daran erinnerte. Übrigens gibt es wohl kaum einen besseren Platz, um einer der Paraden oder einem Feuerwerk über dem Schloss zuzusehen.

Service, Information und Besonderes

Nicht zuletzt aufgrund der Tatsache, dass dieser Themenbereich sowohl Eingangs- als auch Ausgangsbereich des Parks ist, liegen hier viele der wichtigsten Servicepunkte für die Besucher. Die *City Hall* zum Beispiel ist Anlaufstelle für viele Aspekte eines Disneybesuchs, wie etwa für die Reservierung von Restaurantplätzen und für Fragen rund um den Park. Stilistisch in Erscheinen und Innenausstattung ist die *City Hall* ebenso ihrer Umgebung angepasst wie die Erste-

Typische Fassaden der Main Street, hier in der Nebenstrasse am Market House Deli

Der amerikanische Traum

Hilfe-Station. Diese befindet sich am Ende der Main Street, in Richtung Schloss zur rechten Hand, nicht weit vom Restaurant *Plaza Gardens*. Darüber hinaus befinden sich in der *Main Street U.S.A.* einige der zahlreichen Geldautomaten und nahe dem *Town Square* ein Shop, der zum Thema Fotografie keine Wünsche offen lässt. Wer auf der Suche nach Batterien oder digitalen Sofortabzügen ist, wird hier fündig.

Am anderen Ende der Straße, also an der *Central Plaza* vor dem Schloss, befindet sich eine Schautafel, auf der die aktuellen Wartezeiten der wichtigsten und am häufigsten besuchten Fahrattraktionen angeschlagen stehen. Zum Schluss sorgt ein Besuch bei *Dapper Dan's* noch für den perfekten Haarschnitt und einen gepflegten Bart – Friseurkunst aus der Zeit des ausgehenden 19. Jahrhunderts, gehalten ganz im Disneystil.

Unten: Die City Hall – schön und vor allem informativ
Rechts: Wie in der guten alten Zeit

Bewegende Momente

Zu einem runden Bild der Zeit gehören neben der Architektur und den vielen kleinen Details auch die Transportmöglichkeiten der damaligen Zeit. Allen voran natürlich die Eisenbahn, in diesem Themenbereich vertreten durch die *Disneyland Railroad Station*. Ein Ausflug mit der Dampflok führt einmal rund um den Park, vorbei an allen Ländern, und lässt sich sehr gut als Transportmittel nutzen, da es in fast jedem Land, außer im *Adventureland*, einen passenden Bahnhof gibt. Ebenso bequem und vorbei an den Häusern der Main Street geht es mit der *Horse Drawn Streetcar*-Pferdestraßenbahn, die zwischen den beiden großen Plätzen pendelt. Sicherlich etwas gemächlicher als ihre heutigen Nachfolger, dafür aber sehr passend in dieser Zeit, in die das Ambiente ja zurückversetzen möchte. Etwas Muße gehört also dazu, will man mit der Straßenbahn vorbei am üppigen Angebot einmal seine Runde drehen.

Der amerikanische Traum

Doch wenn dann zum Beispiel die Hupe des alten Feuerwehrautos erklingt, die Leute zur Seite treten und staunen, dann ist es wohl wie früher, als es etwas Besonderes war, wenn ein Auto durch die Straßen fuhr.

Shopping und Gastronomie

Fast nirgendwo anders im Park ist das Shopping- und Restaurant-Angebot so vielfältig wie im Themenbereich *Main Street U.S.A.* Herausragende Vertreter ihrer Zunft sind dabei sicher die Boutique *Emporium* als größter Merchandisingshop im ganzen Park sowie das Restaurant *Walt's* mit seiner opulenten Ausstattung und seinen Widmungen an Walt Disney. Dazu gehört sicher auch der *Storybookstore*, wo es beinahe alles rund um das geschriebene Wort zu finden gibt.
Amerikanische Eiskrem, Backwaren und belegte Sandwiches, Hot Dogs, Softdrinks und natürlich Kaffee gehören dazu, wenn an einem der zahlreichen ruhigeren Sitzplätze etwas Entspannung und Erfrischung einkehren soll. Im *Boardwalk Candy Palace* gibt es eine schier nicht enden wollende Auswahl an Süßigkeiten, das *Plaza Gardens Restaurant* hält mit einem großen Büfettangebot die passende Mittagsstärkung bereit, das *Walt's* ist schon an sich einen Besuch wert, und zahlreiche weitere Details warten darauf, entdeckt und ausprobiert zu werden. Es gibt also fast gar keinen Grund, diesen Themenbereich zu verlassen. Außer vielleicht die anderen Länder natürlich – gut zu wissen, dass der Heimweg ja wieder durch die *Main Street U.S.A.* führen wird.

Wer allerdings schon morgens in einem der zahlreichen Läden das passende Souvenir findet, der kann auch hier natürlich den Shoppingservice nutzen (mehr dazu unter „Shopping in Disneyland Resort Paris" auf Seite 187). ■

Disneyland Railroad Station
Mit der Eisenbahn auf großer Fahrt

Die große Runde der *Disneyland Railroad* führt einmal komplett um das gesamte Areal des Themenparks. In vier der fünf Länder gibt es eine Station zu dieser Eisenbahnlinie, die nicht zuletzt deswegen auch als bequemes Verkehrsmittel dienen kann.

Die Fahrt, die als erstes Richtung *Frontierland* führt, hat ihre eigenen Reize. Hier in der *Main Street U.S.A.* präsentiert sich der Bahnhof wahrlich detailliert und angelehnt an die große Zeit der Dampfrösser in den USA. Zahlreiche Details, wie zum Beispiel auf Abholung wartende Gepäckstücke und zeitgenössische Plakate, erwecken den Eindruck eines belebten Bahnhofs aus der Zeit um die vorletzte Jahrhundertwende. Auch die Namensgebung der Loks und ihrer Waggons erinnert an glorreiche Zeiten amerikanischer Eisenbahnpioniere und Personen des Zeitgeschehens. Kein Wunder also, dass gleich die erste Lok den Namen des ersten amerikanischen Präsidenten George Washington trägt; die Waggons mit Städtenamen wie Boston und Philadelphia erinnern an einige der berühmten Stätten seines politischen Schaffens.

Es ist wohl kein Zufall, dass die Bahnlinie als erstes Richtung *Frontierland* verläuft, wo sie durch das Aussehen ihrer Züge und Loks natürlich am besten mit der Umgebung harmoniert. Doch vor dem *Frontierland Depot* liegt noch das *Grand Canyon Diorama*, in dem vor einem riesigen Gemälde scheinbar echte Tiere der Region und der Grand Canyon an sich durch Wetter und Lichtspiele beinahe lebendig zu werden scheinen.

Eine hervorragende Einstimmung, bevor es danach zum ersten Halt auf der Linie geht. An diesem nächsten Bahnhof laden übrigens die liebevoll gestalteten Loks auch das fürs Dampfen benötigte Wasser nach. Gelegenheit genug sich also kurz zu erinnern, wie anders die Zeiten damals wohl waren. ■

Discovery Arcade
Träume der Jahrhundertwende

Drei Wege führen vom Eingang Richtung Schloss und zu den weiteren Themenbereichen: die Hauptstraße als solches in der Mitte, flankiert von den beiden langen überdachten Gängen *Liberty Arcade* und *Discovery Arcade*. Hier, im vom Eingang aus gesehen rechten Gang, stehen die Vorstellungen, Wünsche und Erfindungen früherer Zeiten im Vordergrund, und zahlreiche Vitrinen laden zum Anschauen, Verweilen und Studieren ein. Viele Modelle in den Vitrinen, aber auch reichlich Plakate und andere Gegenstände skizzieren und belegen eindrucksvoll, wie frühere Erfindungen und Zukunftsvorstellungen auch unsere heutige Zeit maßgeblich beeinflusst haben. Die Nähe zum *Discoveryland* spürt man also auch schon in diesem Teil der *Main Street U.S.A.*, und das Flanieren auf diesem Weg stimmt vortrefflich auf die weiteren Abenteuer des nebenan gelegenen Themenbereichs ein. Neben dem Zugang zu den Shops und Restaurants bietet dieser Gang besonders bei Re-gen Schutz vor der Witterung, lädt aber auch an sonnigen Tagen zum Abtauchen in diese ganz spezielle Atmosphäre ein.

Dem Trubel entgehen

Im eigentlichen Stil und in ihrer Ausstattung jenseits des eigentlichen Erfinder- und Entdeckerthemas unterscheidet sich die *Discovery Arcade* nicht sehr von ihrer Schwester, der *Liberty Arcade*. Neben den bereits erwähnten Zugängen zu den Shops und Gastronomiebetrieben stehen viele Sitzgelegenheiten als Rückzugsfläche zur Verfügung. Zeit und Platz genug also fürs Shoppen, Stöbern und Erfrischen. Beide Arkaden eignen sich auch hervorragend, einer verstopften Hauptstraße buchstäblich aus dem Weg zu gehen, und so ist die rechte Arkade eine gute Abkürzung, wenn die eigentliche Main Street für eine der Paraden abgesperrt und überfüllt ist. ■

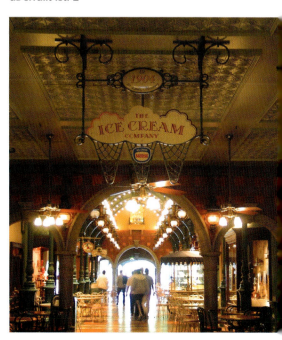

Liberty Arcade
Die Geschichte der Freiheitsstatue

Kaum ein Symbol wird weltweit so sehr als Zeichen der Freiheit gesehen wie die Statue of Liberty – die Freiheitsstatue. Als Geschenk der Franzosen an die Amerikaner blickt dieses Symbol auf eine bewegte und bewegende Geschichte zurück. Viele Zeichnungen, Fresken und Plakate erzählen die Geschichte des wohl berühmtesten Geschenkes, dem diese Arkade gewidmet ist. Sie liegt linker Hand vom Parkeingang aus gesehen und schlägt einen weiteren Bogen zwischen Amerika und dem Heimatland dieses Parks, Frankreich. Von den Ursprüngen bis zur Einweihung der Freiheitsstatue reichen die Ausstellungen und Verzierungen mit einem heimlichen Höhepunkt, einem begehbaren Schaubild der damals wohl sehr beeindruckenden zeremoniellen Einweihung.

Schlechtwetter-Alternative mit Anspruch

Ähnlich wie in der *Discovery Arcade* laden auch hier die Ausstattung, der Zugang zu den Shops der *Main Street U.S.A.* – diesmal denen der linken Hälfte – und viele Sitzgelegenheiten zum Verweilen ein. Die *Liberty Arcade* hat dabei noch einen Vorteil – sie ist der Beginn eines Wegesystems, das es mit wenigen Unterbrechungen erlaubt, auch bei Regen trockenen Fußes bis tief in den Park vorzudringen.

Es ist also doppelt interessant, sich mit den Arkaden, und insbesondere mit dieser zu beschäftigen. Auch die Gestaltung von Serviceeinrichtungen wie Toiletten oder Geldautomaten ist ihrer Umgebung angepasst, so dass sie nie das Gesamtbild trüben, sondern viel eher noch unterstützen.

Wer sich nur eine der beiden Arkaden anschauen möchte und wer vielleicht dem Thema Freiheitsstatue eher zugetan ist, für den ist die *Liberty Arcade* die erste Wahl – auch wenn ihre Schwester *Discovery Arcade* ihr in nichts nachsteht. ∎

Market House Deli
Sandwich, Baguette und mehr

Bei einem Kaffee und einem Sandwich auf der Main Street sitzen und genießen, dabei noch eine der vorbeiziehenden Paraden beobachten und dem geschäftigen Treiben zusehen? Kein Problem im *Market House Deli*, dem Feinkostgeschäft – so müsste man den Begriff „Deli" wohl übersetzen – für Kuchen, Sandwichs und Baguettes. Neben zahlreichen Tischen im Innenraum bietet das *Market House Deli* auch einige Plätze im Freien an. Der Blick schweift über das Geschehen und das Treiben auf der Hauptstraße und die scheinbar zahllosen vorüberziehenden Besucher. Aber auch im Innenbereich des Restaurants lockt eine interessante Aussicht. Vollgestellt mit Regalen, die selber randvoll mit Konserven sind, von der Decke hängende Würste und andere leckere Dinge unterstreichen den Charakter eines waschechten amerikanischen Delis. ∎

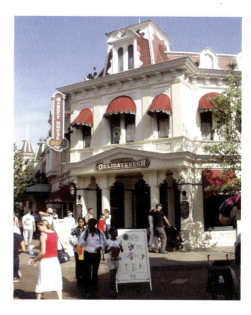

Casey's Corner
Die Sportbar an der Ecke

Die Sportsbars sind keine Erfindung der Neuzeit – im Gegenteil, schon im frühen 20. Jahrhundert war es besonders die Kombination aus Baseball, Hot Dogs und Softdrinks, die sehr beliebt war. Baseball gilt dabei heute noch als eine der wichtigsten uramerikanischen Sportarten, den Hot Dog kennt mittlerweile fast jedes Kind, und der Siegeszug der Coca Cola führt auch heute noch um die ganze Welt. Dieser Kombination ist das *Casey's Corner* gewidmet, und somit ist das Speisen- und Getränkeangebot klar definiert. Unter den Augen der vielen alten Baseballstars auf den zahlreichen Fotografien und auch sonst ganz auf das Thema eingestimmt, schmecken Limonade und Wurst noch besser. Manche Besucher schauen auch so einfach mal ins *Casey's* – manche nur, um die Ausstellungsstücke rund um den Baseball zu bestaunen. ∎

Victoria's Home-Style Restaurant
Hausgemachte Gemütlichkeit

Gestaltet wie eine kleine Pension mit Küche und Essräumen, ist das *Victoria's* wirklich eher ein Ort der Ruhe und Entspannung. Ganz so, wie man es von einer rüstigen Victoria als Gastgeberin wohl erwarten würde, ist der Wohn- und Esszimmerbereich vollgestellt mit liebevollem Schnickschnack. Die Gestaltung lädt für einen kleinen Augenblick ein, die müden Glieder zu entspannen und den Spaziergang mit den Augen fortzusetzen. Kleine Snacks, Kuchen, Kekse und dazu Kaffee – das ist das Angebot im *Victoria's Home-Style Restaurant*, und damit ist es ein echter Tipp für den kleinen Hunger. Eine gute Gelegenheit, einmal einen der Brownies zu probieren, die es an vielen Stellen im Resort zu kaufen gibt. Dass sie hier einen Hauch besser zu schmecken scheinen, dürfte tatsächlich an der Ruhe liegen, mit der man sie hier genießen kann. ∎

Plaza Gardens Restaurant
Im viktorianischen Stil

Das Büfettrestaurant *Plaza Gardens Restaurant* findet man nicht weit vom Zugang zum *Discoveryland*, rechts am *Central Square*. Es bietet eine gehobenere, wenngleich auch sehr entspannte und entspannende Atmosphäre. Ganz im viktorianischen Stil gehalten, liegt es mitten in einer sehr üppigen Gartenlandschaft, und von der weitläufigen Terrassenanlage hat man einen wundervollen Blick auf das Schloss.
Von hier aus ein Feuerwerk zu beobachten gehört für viele zu den nachhaltigsten Erlebnissen in der *Main Street U.S.A*. Doch auch für ruhigere Momente ist hier Platz und Zeit, wenn man den Haupstoßzeiten aus dem Wege geht. Der großzügige Außenbereich des *Plaza Gardens* ist ganz sicher einer der schönsten im ganzen Resort und bei entsprechendem Wetter zu den Essenszeiten sehr gut besucht. ∎

Walt's – An American Restaurant
Fast ein Museum

Im *Walt's* geht es nicht nur um das reine Essen, obwohl dieses Restaurant sicher eine der besten Adressen für ausgesuchte Speisen ist. Es ist zugleich auch ein kleines Museum und eine Hommage an Walt Disney. Mit zahlreichen Dekors und Ausstellungsstücken erinnert dieses Restaurant an die Werke und Lebensstationen Disneys. Im Erdgeschoss des zweistöckigen Gebäudes findet man überall an den Wänden Bilder und Widmungen – Ausschnitte aus der Jugendzeit des Unterhaltungskünstlers.

Auch im Treppenaufgang zum Restaurant in der zweiten Etage erzählen viele Bilder einige Details und Anekdoten aus seinem Leben und Schaffen. Selbst auf der Speisekarte finden sich zahlreiche Hinweise auf den Vater des Erfolges.

Die Räumlichkeiten im oberen Bereich erinnern stilistisch immer an ein Land des Parks. Ein Symbol für das *Discoveryland* ist zum Beispiel eine kupferne Skulptur der Nautilus des Kapitän Nemo, während das *Frontierland* durch die große Bibliothek eines Großgrundbesitzers repräsentiert wird.

So außergewöhnlich und exquisit wie die Ausstattung ist auch das Speisenangebot im *Walt's*. Neben Carpaccios von Fisch und Fleisch locken zahlreiche andere Genüsse. Liebhabern von frischen Salaten werden die schmackhaften Cidredressings besonders munden, und fast scheint es, als wollten die zahlreichen und elegant gekleideten Kellner nicht aufhören, eine feine Köstlichkeit nach der nächsten zu servieren.

Leckeres Essen in einem luxuriösen Ambiente – es ist tatsächlich fast so, als würde man in einem Museum speisen. Eine rechtzeitige Platzreservierung ist deshalb auch und gerade im *Walt's* wichtig, damit man für eine ausgedehnte und üppige Mahlzeit den nötigen Platz und die Ruhe findet. ∎

Land der Mythen und der Märchen

Attraktionen

Sleeping Beauty Castle
Dornröschenschloss
Blanche-Neige et les Sept Nains
Durchqueren Sie den dunklen Schneewittchenwald
Les Voyages de Pinocchio
Begleiten Sie Pinocchio auf seinen abenteuerlichen Reisen
Le Carrousel de Lancelot
Hoch zu Ross in mittelalterliche Legendenwelten
Mad Hatter's Tea Cups
Lassen Sie sich in riesigen Teetassen herumwirbeln
Alice's Curious Labyrinth
Ein Irrgarten voller wunderlicher Begegnungen
Peter Pan's Flight
Ein unvergesslicher Flug direkt nach Nimmerland
Dumbo the Flying Elephant
Himmelwärts mit dem Elefanten!
Le Pays des Contes de Fees
Eine Kreuzfahrt durch Szenerien aus Disney-Klassikern
Casey Jr.
Fahren Sie mit Dumbos Zirkuszug
It's a Small World
Eine musikalische Kreuzfahrt rund um die Welt

Restaurationen

Au Chalet de la Marionette
Hamburger, Hot Dogs
Toad Hall Restaurant
Fish und Chips
Auberge de Cendrillon
Französische Küche
Pizzeria Bella Notte
Pizza und Pasta

Fantasyland – Das wundervolle Land der Mythen und Märchen, der Fabeln und der Fantasie: In diesem Themenbereich werden der Zauber und die Magie der Zeichentrickfilme von Walt Disney schillernde Realität.

Als Eingangstor dient das prächtige Schloss von Dornröschen, das sich majestätisch auf einem kleinen Hügel in den Himmel empor zu strecken scheint. Schon alleine der Anblick dieses wahrlich imposanten Gebäudes, vor dessen Mauern fantasievoll geschnittene Laubbäume wie Wegweiser in eine andere Welt stehen, lässt den Besucher erahnen, was sich dahinter verbergen könnte. Treten Sie mit uns ein in das *Fantasyland*, und erleben Sie wirklich gewordene Träume!

Die Reise beginnt

Gleich hinter dem Schloss befindet sich ein kleiner Hof, auf dem Sie nicht nur versuchen können das sagenumwobene Schwert Excalibur aus dem Stein zu ziehen und damit König des Landes zu werden – an diesem Ort könnte es auch sehr gut sein, dass Ihnen einige bekannte Personen aus diversen Disney-Filmen begegnen. Und mal ganz ehrlich: Wer wollte nicht schon immer die Hand von Micky Maus schütteln, sich mit Dornröschen

Land der Mythen und der Märchen

fotografieren lassen oder dem bösen Jaffar aus „Aladdin" persönlich begegnen? Hier ist alles möglich – sogar Autogrammjäger kommen auf ihre Kosten.

Lassen Sie sich aber nicht zu viel Zeit mit dem Bewundern der kleinen, niedlichen Häuser im mittelalterlichen Stil an diesem Schlosshof oder mit dem Lauschen der Drehorgelmusik, die dort mit Melodien aus bekannten Disney-Klassikern die Besucher verzaubert – schließlich gibt es hier ja noch eine ganze Menge mehr zu entdecken.

Kindheitsträume werden wahr

Wie wäre es zum Beispiel mit einem Ritt auf den königlichen Pferden von Sir Lancelot? Gleich hinter dem Schlosshof warten Dutzende davon auf die Besucher, um mit ihnen im Kreis zu galoppieren.

Wer das *Fantasyland* lieber aus der Luft erkunden möchte, kann dies natürlich auch tun: Auf dem Rücken von Dumbo, dem Elefanten mit den riesigen Ohren, erlebt man einen Flug in luftiger Höhe und hat so einen schönen Überblick über all das, was noch vor einem liegt.

Gleich nebenan kann man auch die Abenteuer von Schneewittchen, Pinocchio oder Peter Pan hautnah miterleben. In wunderschön gestalteten Themenfahrten werden diese Disney-Filmklassiker zum Leben erweckt – manchmal gruselig, manchmal spannend, manchmal einfach nur träumerisch – aber immer aufregend für die ganze Familie und eine tolle Möglichkeit, in die magische Welt der Zeichentrickfilme abzutauchen.

Abtauchen können Sie übrigens auch in einem riesigen Labyrinth, wenn sie dem Kaninchen aus „Alice im Wunderland" folgen. Aber seien Sie gewarnt: Die Herzkönigin wird es Ihnen schwer machen, wieder aus dem Irrgarten aus Büschen und Hecken herauszufinden. Falls Sie es dennoch schaffen sollten, wartet bereits der verrückte Hutmacher auf Sie, damit er endlich die Teegesellschaft zu seinem Nicht-Geburtstag beginnen kann. Wenn Ihnen danach nicht zu schwindelig sein sollte, gehen Sie einfach weiter, und Sie werden noch vieles mehr entdecken.

Eine gemütliche Bootsfahrt lädt zum Beispiel dazu ein, sich noch einmal alle Märchenfilme von Walt Disney etwas genauer anzuschauen, während gleich daneben *Casey Jr.*, eine Familienachterbahn, seine rasanten Runden dreht. Und während man noch darüber nachdenkt, ob man sich hier zuerst für die Entspannung oder zuerst für den Nervenkitzel entscheiden soll, hört man plötzlich von weitem das Ticken einer Uhr und bemerkt die riesige Fassade einer weiteren Themenfahrt, in der man eingeladen wird, zusammen mit den Kindern dieser Erde

Das Dornröschenschloss

Land der Mythen und der Märchen

zu tanzen und zu singen. Und bevor man sich versieht, ist die Welt ganz klein geworden.

Achten Sie auf die Kleinigkeiten

Fantasyland – Land der Mythen und Märchen, der Fabeln und der Fantasie. Es sind nicht nur die vielfältigen Abenteuer, die den besonderen Reiz dieser Welt ausmachen, sondern auch die unzähligen Details, mit denen alles in Szene gesetzt wird. Jede einzelne Attraktion ist perfekt durchthematisiert und lässt die Grenze zwischen Schein und Realität mühelos verschwinden. Die einzelnen Häuser wurden so gebaut, dass sie leicht schief aussehen und in den oberen Gebäudeteilen nicht mehr ganz maßstabsgetreu sind. Das Ergebnis davon ist ein ungemein niedlicher Gesamteindruck, der den märchenhaften Look dieses Themenbereichs perfekt unterstreicht und der von der Landschaftsgestaltung stimmig unterstützt wird. Selbst unscheinbare Deko-Elemente erwachen plötzlich zum Leben – es kann sich beispielsweise durchaus lohnen, eine große rosafarbene Teekanne in der Nähe des Labyrinthes zu suchen.

> ### Parkscout-Tipp
> Im Fantasyland dreht sich alles um einige der bekanntesten Zeichentrickfilme von Walt Disney. Daher ist dieser Parkteil besonders interessant, wenn Sie mit kleineren Kindern den Disneyland Park besuchen – das Angebot an Attraktionen ist hier absolut familiengerecht und verspricht Spaß für Jung und Alt.

Unten links: Vor dem Sir Mickey's Shop wächst die berühmt Bohneranke
Unten rechts: Sich wie eine Prinzessin fühlen wird im Fantasyland leicht gemacht.
Rechts: Steigen Sie mit Dumbo the Flying Elephant in ein typisches Disney-Familienvergnügen

 Land der Mythen und der Märchen

Der Zauber der Magie

Dieses Konzept wurde nicht nur bei den einzelnen Attraktionen angewandt, sondern findet sich auch bei den Restaurants und Shops deutlich wieder. Hier ist ein Restaurant nicht nur einfach ein Ort, an dem man eine Mahlzeit zu sich nimmt, sondern gleichzeitig auch ein Ort des Erlebens und des Staunens. Hier ist ein Shop nicht einfach nur ein Ort, an dem man diverse Merchandise-Artikel kaufen kann, sondern immer auch gleichzeitig ein kleines Puzzleteilchen im Gesamtbild.

Achten Sie vor allem nicht nur auf die offensichtlichen Attraktionen, wenn sie Ihre Reise in das *Fantasyland* antreten – hier gibt es mehr zu sehen, als es auf den ersten Blick den Anschein hat. Besuchen Sie doch einfach mal den Shop *Sir Mickey's* gleich neben *Le Carrousel de Lancelot*, machen Sie einen kleinen Rundgang durch das märchenhafte Schloss oder beobachten Sie die Gemälde im *Toad Hall Restaurant* mal etwas länger, und Sie werden schnell merken, warum man im Zusammenhang mit *Disneyland* immer wieder von einem „Magic Kingdom" spricht. ■

Sleeping Beauty Castle
Das Dornröschenschloss

Die Geschichte von Dornröschen, die von jeher Kinderherzen höher schlagen lässt, wurde von Charles Perrault erdacht und von Walt Disney 1959 in die Kinos gebracht.
Das 46 Meter hohe Schloss der Märchenprinzessin dient nicht nur als Eingang in das *Fantasyland* oder als Orientierungshilfe im gesamten Park – es ist auch das Wahrzeichen des *Disneyland Park* und gleichzeitig eine Attraktion für sich. Der mit unzähligen Fahnen geschmückte Prachtbau mit seinen 16 rosafarbenen Türmen beheimatet nicht nur diverse Shops, in denen einmalige Dinge wie Kristallglaskunstwerke oder Schwerter angeboten werden. Im Inneren kann man auch eine elf Meter hohe Eingangshalle mit wunderschönen Bleiglasfenstern bewundern, die sich alle an den berühmten Zeichentrickfilm anlehnen.

Über eine steinerne Treppe gelangt man in das Obergeschoss des Schlosses, wo sich der Bildersaal befindet. Hier wird das gesamte Märchen von Dornröschen noch einmal mit edlen Wandteppichen und weiteren Glasmalereien nacherzählt. Dieser Saal ist unglaublich detailliert gestaltet und lädt mit seinen zusätzlichen Skulpturen und Reliefs geradezu zum weiteren Verweilen ein.
Was Sie aber auf keinen Fall verpassen sollten, ist ein dunkles Verlies unter dem Schloss, in das Sie auf mehreren verschiedenen Wegen kommen – halten Sie einfach ein wenig Ausschau danach. Dort schläft nämlich ein riesiger Drache, der manchmal aufwacht und mit lautem Brüllen versucht, seine ungeladenen Besucher wieder zu verscheuchen, während aus seinen Nasenlöchern Rauch emporsteigt. ∎

Parkscout-Tipp

Im Dornröschenschloss gibt es ein verstecktes Gimmick, das den meisten Besuchern nicht auffällt. Wenn Sie das Schloss von der Main Street aus betreten, sich umdrehen und nach oben schauen, werden Sie oberhalb des Rundgangs im ersten Stock ein buntes Glasfenster mit einer Rose sehen. Achten Sie einmal genau auf dieses Fenster und Sie werden bemerken, wie sich die Rose plötzlich in zwei weiße Tauben verwandelt.

# Blanche-Neige et les Sept Nains
Hinter den sieben Bergen...

Es war einmal... im Jahre 1937, dass der erste abendfüllende Zeichentrickfilm in Farbe die Herzen der Menschen verzauberte. Sein Titel lautete „Schneewittchen und die sieben Zwerge" und sein Macher hieß Walt Disney. Dieser Klassiker, der auf einem Märchen der Gebrüder Grimm basiert, wurde ein Meilenstein der Filmgeschichte und lässt auch heute noch, nach fast 70 Jahren, alle Kinderaugen glänzen.

Die gleichnamige Themenfahrt im *Disneyland Park* beruht genau auf diesem Film. Der gesamte Eingangsbereich mit seinem zauberhaften Charme sieht sehr verspielt aus, und auch die fröhlichen, farbenfrohen Wandbemalungen erwecken den Eindruck, als ob es sich bei dieser Attraktion um eine ruhige Fahrt durch Schneewittchens märchenhafte Welt handelt. Dieser Eindruck

täuscht jedoch gewaltig. Beginnt die Reise noch mit einem Ausflug in die Hütte der sieben Zwerge, steht auch schon kurz danach die erste Begegnung mit der bösen Königin auf dem Programm.

Und ab dem Punkt wird aus der niedlichen Themenfahrt eine ausgewachsene Geisterbahn, die mit einer düsteren Stimmung und kleinen Schreckeffekten wohlige Gänsehaut erzeugt. So führt der Weg zum Beispiel durch einen unheimlichen Wald mit alten, verknöcherten Bäumen oder durch ein finsteres Verließ, in dem Ihnen nicht nur die böse Königin begegnen wird. Dazu kommt, dass während der gesamten Fahrt viel mit Schwarzlicht gearbeitet wird, wodurch eine ganz besondere Atmosphäre geschaffen wird, die die Stimmung des Disney-Klassikers hervorragend widerspiegelt.

Allerdings sollte auch erwähnt werden, dass diese Attraktion wegen ihrer gruseligen Momente für Kleinkinder unter fünf Jahren nur bedingt zu empfehlen ist. Zumindest ist eine Begleitung der Eltern bei dieser Themenfahrt sehr empfehlenswert. ∎

Les Voyages de Pinocchio
Die Abenteuer einer Marionette

Gleich neben *Blanche-Neige et les Sept Nains* befindet sich eine weitere Themenfahrt ähnlicher Machart, die auf dem Film „Pinocchio" aus dem Jahre 1940 basiert. Als der Italiener Carlo Collodi die Geschichte um eine Marionette, die sich nichts sehnlicher wünscht, als ein kleiner Junge aus Fleisch und Blut zu werden, schrieb, ahnte er sicher nicht, dass sein Buch einmal als Inspiration für eine Attraktion im *Disneyland Park* dienen würde.

> **Parkscout-Tipp**
>
> Es kommt häufig vor, dass die Warteschlangen bei Blanche-Neige et les Sept Nains und Les Voyages de Pinocchio immer genau zeitversetzt leer und voll sind. Wenn also die Wartezeit bei einer dieser beiden Attraktionen hoch ist, hat man meistens eine gute Chance, dass die Wartezeit der anderen relativ gering ist.

Wenn Sie in einem der kleinen Wagen Platz nehmen, können Sie die Abenteuer von Pinocchio hautnah miterleben: Begleiten Sie ihn auf seiner beschwerlichen Reise mit dem Wanderzirkus, werden Sie Zeuge, wie sich alle Kinder auf „Pleasure Island" in Esel verwandeln und hüten Sie sich vor dem überraschenden Angriff des Riesenwals Monstro. Man sollte sich auch vor dem großen, hölzernen Käfig in Acht nehmen, mit dem der böse Stromboli versucht, die Besucher einzusperren – aber es gibt keinen Grund, Angst zu haben. Gute Freunde wie Jiminy Grille oder Meister Gepetto sorgen dafür, dass niemandem etwas geschieht und die ganze Geschichte am Ende gut ausgeht.

Selbstverständlich darf natürlich auch die wohl berühmteste Szene aus dem Disney-Klassiker nicht fehlen, in der Pinocchio letztendlich von der blauen Fee in das verwandelt wird, was er sich immer gewünscht hatte: In einen echten, leibhaftigen Jungen. Und Sie werden garantiert staunen, wie die blaue Fee nach ihrem Zauberspruch plötzlich in einer glitzernden Staubwolke vor Ihren Augen verschwindet. ∎

Le Carrousel de Lancelot
Die Reiter der Tafelrunde

Nutzen Sie die einmalige Gelegenheit, wie ein königlicher Ritter auf edlen Rössern durch die Lande zu ziehen. 86 Pferde, die teilweise von namhaften Künstlern eigens für dieses Karussell geschaffen wurden, warten nur darauf, von Ihnen bestiegen zu werden. Wer es lieber etwas ruhiger mag, kann natürlich auch in einer der prunkvollen Kutschen Platz nehmen und beobachten, wie sich die reich geschmückten Pferde mitsamt ihren Reitern auf und ab bewegen.

Während der nostalgischen Fahrt gibt es überall messingfarbene Verzierungen zu bewundern, die im hellen Sonnenlicht wie pures Gold glänzen. Und wenn dazu die Orgel in der Mitte des Karussells erklingt, sollten Sie ruhig mal etwas genauer hinhören – höchstwahrscheinlich werden Sie mitsummen können. ■

Mad Hatter's Tea Cups
Die durchgedrehten Tassen

1951 konnte man zum ersten Mal die Abenteuer von „Alice im Wunderland" nach einem Roman von Lewis Carroll auf der Kinoleinwand bewundern. Genau wie im Film feiert der verrückte Hutmacher auch im *Disneyland Park* täglich seinen Nicht-Geburtstag und lädt alle Besucher ein, sich in seinen 18 rotierenden Teetassen durchschleudern zu lassen. Wenn Sie möchten, können Sie die Drehgeschwindigkeit der einzelnen Tassen auch noch durch ein Steuerrad selbst erhöhen – aber übertreiben Sie es nicht, sonst könnte sich der Ausstieg schwieriger gestalten, als Sie denken.

Dieses Karussell steht übrigens unter einer gigantischen Glaskuppel-Konstruktion, die durch unzählige kleine Lampions beleuchtet werden kann – eine Fahrt am Abend ist also ein ganz besonderes Erlebnis. ■

Alice's Curious Labyrinth
Finden Sie den Ausgang!

In diesem wunderschön angelegten Irrgarten aus Sträuchern, Blumen und Hecken kann man, zusammen mit Alice, das Wunderland besuchen. Während es bei einem normalen Labyrinth einfach nur darum geht, den Ausgang zu finden, hält diese Attraktion (die übrigens in einem Disney-Park weltweit einmalig ist) für seine Besucher noch ein paar spezielle Überraschungen bereit. Hinter jeder Ecke trifft man auf bekannte Figuren aus dem Film – von einer überdimensionalen Grinsekatze aus Blumen und Grünpflanzen, die das Geschehen im Irrgarten von oben arglistig beobachtet, bis zur Raupe mit der Wasserpfeife. Bunte Schilder, die Ihnen den vermeintlich richtigen Weg weisen, sind übrigens stets mit Vorsicht zu genießen – nicht selten stehen Sie plötzlich unverhofft in einer Sackgasse, wenn Sie sich daran halten. Und während man ständig die unzähligen kleinen Gimmicks be-

wundert, die diese Attraktion so zauberhaft machen, dringt einem dabei unaufhörlich die schwungvolle Musik aus dem bekannten Disney-Film in die Ohren.

Kurz vor dem Ausgang haben Sie dann die Wahl, ob Sie das Wunderland wieder verlassen wollen, oder ob Sie vorher noch der Residenz der Herzkönigin einen kleinen Besuch abstatten möchten. Obwohl dieses Schloss mitten im Irrgarten liegt und diesen stets sichtbar überragt, ist es nicht ganz einfach zu finden. Außerdem werden Sie auf dem Weg dorthin ständig von der bösen Königin und ihrer Leibwache verfolgt, die lautstark Ihren Kopf fordern – aber die Mühe lohnt sich. Über Treppen im Inneren kann man den oberen Teil des Schlosses erreichen und von dort aus einen tollen Ausblick auf das gesamte Labyrinth und große Teile des *Fantasyland* genießen. Denn erst, wenn man auch dorthin gelangt ist, hat man alle Aufgaben von *Alice's Curious Labyrinth* gemeistert. ■

Peter Pan's Flight
Flug ins Nimmerland

Bei dieser Themenfahrt, die sich um den 1953 von Disney verfilmten Roman von Sir James Barrie dreht, darf man Peter Pan auf seiner Reise nach Nimmerland begleiten. Dabei fährt der Wagen, in dem die Besucher Platz nehmen, nicht auf den Schienen, sondern in der Form eines Schiffes unter den Schienen her, wodurch der Effekt des Fliegens erst richtig zur Geltung kommt.

Alles beginnt im Zimmer von Wendy und ihren Geschwistern, die von Peter Pan zu einem romantischen Flug über das nächtliche London eingeladen werden.

> **Parkscout-Tipp**
>
> Da diese Fahrt besonders bei Kindern sehr beliebt ist, sollten Sie möglichst früh einen Fastpass für diese Attraktion ziehen, da es je nach Besucherandrang später zu Engpässen kommen kann.

Wenn man aus dem Schiff nach unten schaut, kann man dabei den Big Ben, die Themse, hell erleuchtete Straßenzüge und sogar winzige Autos erkennen, die dort entlangfahren. Die weitere Reise führt nun durch die Wolken hindurch in einen klaren Sternenhimmel, bevor man endlich Nimmerland erreicht. Im weiteren Verlauf wird man Zeuge eines wilden Fechtduells zwischen Peter Pan und Captain Hook oder erlebt hautnah, wie zwei Krokodile den bösen Piratenkapitän in arge Bedrängnis bringen.

Natürlich begegnet man während dieser abenteuerlichen Gondelfahrt auch all den anderen Charakteren aus dem Film wie Tinkerbell oder den Verlorenen Jungs, bevor man schließlich wieder aus Nimmerland zurückkehrt. Und wenn man dann aus dem Schiff steigt und dabei die weltberühmten Melodien aus dem Film hört, glaubt man für einen Augenblick selbst daran, dass Nimmerland wirklich existiert. Dank vieler schöner Lichteffekte und der ungewöhnlichen Fahrt ist diese Attraktion ein absolutes Highlight im *Fantasyland*, das Sie keinesfalls verpassen sollten. ■

Dumbo the Flying Elephant
Mit Dumbo durch die Lüfte

Wer kennt nicht den weltberühmten Elefanten mit den riesigen Ohren, der im Jahre 1941 zum ersten Mal über die Kinoleinwände flog? Natürlich wurde im *Fantasyland* auch „Dumbo" eine Attraktion gewidmet, die insbesondere von kleineren Kindern heiß und innig geliebt wird – hier können sie nämlich auf seinen Rücken klettern und mit ihm durch die Lüfte fliegen.

Für diese außergewöhnliche Reise stehen den Besuchern 16 Elefanten zur Verfügung, deren Flughöhe sich mit einem Steuerhebel beeinflussen lässt. So kann man jederzeit mit Dumbo ganz nach oben fliegen, um von dort aus einen fantastischen Überblick über das *Fantasyland* zu erhaschen. Zwischen all diesen Elefanten schwebt in der Mitte des Karussells ein rot-weißer Ballon, auf dem die Maus Timotheus die fliegenden Rüsseltiere als Zeremonienmeister dirigiert.

Bei *Dumbo the Flying Elephant* macht aber nicht nur das Fahren Spaß – auch das reine Zuschauen ist ein wahrer Augenschmaus. Die gesamte Attraktion ist dem Thema „Zirkus" angepasst und sehr aufwändig und liebevoll gestaltet. Überall dreht und bewegt sich etwas – und selbst in der näheren Umgebung kann man wunderschön anzusehende Details wie eine alte Zirkuskasse oder einen kleinen Wasserfall entdecken. Aufgrund des hohen Beliebtheitsgrades bei Kindern jeden Alters muss man hier jedoch mit etwas längeren Wartezeiten rechnen. ■

Filmtipp

Wie wir schon erwähnt haben, dreht sich im Fantasyland alles um die Zeichentrickfilme von Walt Disney. Sicherlich wird Ihnen dort vieles bekannt vorkommen, aber um wirklich in diese bunte Welt eintauchen zu können, empfehlen wir Ihnen, sich vielleicht die betreffenden Filme vor Ihrem Besuch in Disneyland Resort Paris noch einmal auf Video oder DVD anzuschauen.

Le Pays des Contes de Fées
Mit Booten durch die Welt der Märchen

Ein großes Märchenbuch im Eingangsbereich macht dem Besucher sofort deutlich, um was es bei dieser Themenfahrt geht: Hier kann man in pastellfarbenen Booten die schönsten Momente aus unzähligen Disney-Klassikern bewundern. Die ruhige und entspannende Reise führt unter anderem vorbei an detaillierten Szenen aus „Schneewittchen und die sieben Zwerge", „Arielle, die kleine Meerjungfrau" oder auch „Die Schöne und das Biest".

Dabei wurden die Kulissen und Figuren in Miniaturform prächtig in Szene gesetzt und wunderschön in die Landschaft integriert, während dazu die jeweiligen Melodien aus den Filmen erklingen. Wenn Sie bei ihrem Besuch im *Fantasyland* einfach mal eine kleine Pause einlegen möchten, bietet diese Fahrt dazu eine gute Möglichkeit. ∎

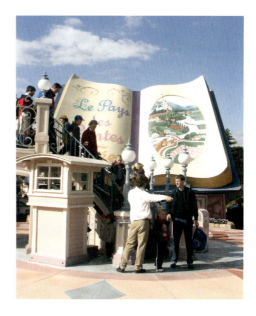

Casey Jr.
Im Zirkuswagen durch die Lande

Wagen Sie doch einfach mal eine Fahrt mit dem bunten Zirkuszug *Casey Jr.* aus „Dumbo" – aber halten Sie sich gut fest, denn die Reise wird vielleicht rasanter als Sie geglaubt haben! Wenn man in einem der phantasievoll gestalteten Wagen Platz genommen hat, bietet diese kleine, familienfreundliche Achterbahn jede Menge Spaß für junge und junggebliebene Mitfahrer.

Lassen Sie sich den Fahrtwind um die Nase wehen und lauschen Sie der eingängigen Titelmelodie im Hintergrund. Ob Sie nun in der Lokomotive oder in einem der zahlreichen Zirkuswagen sitzen: Genießen Sie einfach die schöne Aussicht auf die Themenfahrt *Le Pays des Contes de Fées* unter Ihnen, während der Zug sich durch Berg und Tal schlängelt und dabei immer schneller zu werden scheint. ∎

It's a Small World
Diese Welt ist klein

Diese Themenfahrt ist die einzige Attraktion im *Fantasyland*, die nichts mit einem Zeichentrickfilm von Walt Disney zu tun hat. Die Entstehungsgeschichte geht zurück auf die Weltausstellung von 1964 in New York, für die Disney im Auftrag der UNICEF eine Reise durch alle Länder dieser Erde schuf. Das Ergebnis wurde ein Publikumsrenner und ist heute überall in allen Disneyland Parks der Welt unter dem Namen *It's a Small World* zu bewundern.

Die Reise führt Sie in großen Booten durch ein riesiges Gebäude, in der eine schier endlose Anzahl von tanzenden und singenden Kindern die Nationen der Welt repräsentieren. Dabei können Sie unter anderem afrikanische Ureinwohner, holländische Kinder in Holzschuhen, kanadische Eishockeyspieler oder auch indische Tänzerinnen in wunderschönen Kostümen bewundern. Werfen Sie ruhig auch einen genaueren Blick auf die Kulissen der einzelnen Länder – alles ist unglaublich detailliert, und in jeder kleinen Ecke kann man stets etwas Neues entdecken. Die Musik, die während der gesamten Fahrt in den unterschiedlichsten Sprachen gesungen wird, wurde übrigens von den bekannten Komponisten Robert und Richard Sherman geschrieben, die auch für die Songs bei „Mary Poppins" verantwortlich waren. Bei dem großen Finale, mit dem Ihre Reise um die Welt endet, singen noch einmal alle Kinder der Welt gemeinsam den Titelsong „It's a Small World – diese Welt ist klein". Und spätestens, wenn Sie danach aus den Booten aussteigen, wird Ihnen diese Melodie den ganzen Tag garantiert nicht mehr aus dem Kopf gehen. ■

Parkscout-Tipp

Zu jeder vollen Viertelstunde beginnt an der Uhr der Fassade ein kleines Glockenspiel mit bewegten Figuren, das von vielen Besuchern nicht bemerkt wird. Achten Sie also auf die Uhrzeit, wenn Sie sich dort in der Nähe befinden.

Au Chalet de la Marionette €
Zu Besuch bei Pinocchio

Genau an der Ecke zwischen *Fantasyland* und *Adventureland* liegt dieses hübsche Restaurant, das eigentlich aus zwei unterschiedlichen Teilen besteht. Der Eingangsbereich mit den bunten Wandmalereien und Bannern ist den Abenteuern von Pinocchio gewidmet, während der Ausgangsbereich mit seinen Requisiten eher an ein Schiffswrack erinnert und die Gäste schon einmal auf das *Adventureland* vorbereitet. Die gesamte Innenausstattung ist komplett aus Holz und wirkt dadurch ein wenig rustikal, was dem Restaurant aber einen ganz besonderen Charme verleiht.

Hier haben Sie unter anderem die Auswahl zwischen Hähnchen, Hamburgern oder amerikanischen Hot Dogs, die Sie an einer mit zahlreichen Geranienkästen dekorierten Theke bekommen. ■

Toad Hall €
Das magische Restaurant

Seien Sie Gast von Mr. Toad – einer seltsamen Kröte, die Sie in ihr großes Herrenhaus einlädt. In zwei Räumen können Sie hier in aller Ruhe essen und sich dabei die interessante Dekoration anschauen.
Dabei gibt es nicht nur diverse Regale mit Büchern oder Trophäen zu bestaunen, auch die Gemälde, die dort überall hängen, sollte man nicht aus den Augen verlieren. Die Motive werden Ihnen sicher bekannt vorkommen – nur die Figuren auf den Bildern scheinen nicht so ganz werkgetreu zu sein. Und wenn Sie einen zweiten Blick darauf riskieren, scheinen sie sich gar verändert zu haben.

Die angebotenen Speisen wie beispielsweise Fish and Chips, Sandwiches oder Roast Beef passen sehr gut zum britischen Charme des Restaurants. ■

€€€ Auberge de Cendrillon

Edel und gut

Fantasyland

Eines der eindrucksvollsten Restaurants im gesamten Park findet man gleich hinter dem Schlosshof. Ganz im Stil eines französischen Gasthauses strahlt das *Auberge de Cendrillon* eine märchenhafte Eleganz aus, die Sie sofort in ihren Bann ziehen wird.
Sowohl die Bekleidung der Kellner als auch die gesamte Innenausstattung erinnern an das 18. Jahrhundert und tragen sehr viel zum edlen Gesamteindruck bei.

Ansonsten ist dieses Restaurant dem 1950 entstandenen Film „Cinderella" gewidmet, dessen Geschichte sich genau wie „Schneewittchen und die sieben Zwerge" an ein Märchen der Gebrüder Grimm anlehnt. Im Inneren finden sich daher überall Fresken und diverse Accessoires wieder, die allesamt auf diesen bekannten Disney-Klassiker hinweisen. Auch im Außenbereich ist dieses Thema allgegenwärtig – sei es nun bei dem kleinen Dorfbrunnen oder bei der großen Kürbiskutsche. Gerade bei schönem Wetter kann man dort in einem Innenhof hervorragend sitzen und beim Essen das Dornröschenschloss bewundern.

Essen wie Cinderella in Frankreich

Ein kleiner Blick auf die Speisekarte verrät sofort, dass hier hauptsächlich die klassische französische Küche serviert wird – wer eher amerikanisches Fastfood bevorzugt, sollte also besser eines der zahlreichen anderen Restaurants im Park wählen.

Obwohl man das *Auberge de Cendrillon* nicht gerade als günstig bezeichnen kann, muss man dennoch festhalten, dass der Preis absolut angemessen erscheint. Die Küche ist über jeden Zweifel erhaben und präsentiert dem Gast kulinarische Köstlichkeiten, deren hohe Qualität für einen Freizeitpark doch eher ungewöhnlich ist. Gleiches gilt übrigens auch für die überwiegend französischen, exzellenten Weine. ∎

Pizzeria Bella Notte
Pizza und Pasta

Wer die berühmte Liebesszene aus „Susi und Strolch" vor Augen hat, kann sich in etwa vorstellen, wie es in diesem Restaurant aussieht.

Das Gebäude mit seiner italienischen Fassade wurde windschief gebaut und sieht dadurch unglaublich verspielt aus. Das Innere wurde mit Wandgemälden und Steinfiguren zu dem bekannten Film dekoriert und kann auch sonst mit einer sehr schönen, detaillierten Einrichtung überzeugen. Da die tägliche Parade genau an der *Pizzeria Bella Notte* vorbeizieht, kann man während dieser Zeit wunderbar auf der Terrasse vor dem Gebäude essen und gleichzeitig das bunte Treiben auf der Straße beobachten.

Es handelt sich hier um ein italienisches Restaurant – dementsprechend gibt es dort natürlich hauptsächlich Pizza und Nudelgerichte. ∎

Visionen und Science-Fiction

Attraktionen

Buzz Lightyear Laser Blast
Helfen Sie Buzz bei der Rettung des Spielzeuguniversums
Orbitron
Fliegen Sie im eigenen Raketenkreuzer über Discoveryland
Autopia
Fahren Sie in einem Auto durch die Welt von Übermorgen
Space Mountain: Mission 2
Eine Hochgeschwindigkeits-Achterbahn, die Sie an die Grenzen des Universums katapultiert
Les Mystères du Nautilus
Besichtigen Sie das geheimnisvolle U-Boot von Kapitän Nemo
Honey, I Shrunk the Audience
Eine Preisverleihung gerät etwas aus den Fugen
Star Tours
Fliegen Sie im Starspeeder-Simulator zum Mond von Endor
Videopolis
Showcenter und Auditorium

Restaurationen

Buzz Lightyear's Pizza Planet
Salate und Pizzen
Café Hyperion
Hamburger, Pommes Frites, Salate

Das *Discoveryland* ist nicht nur ein Ort alter Entdeckungen und vergangener Visionen – in diesem Land steht das Neue und das Ungewöhnliche im Vordergrund. Es bietet Platz für die Science-Fiction vergangener Tage, aber natürlich auch für die Zukunftsvorstellungen aus der Gegenwart.

Überragt wird dieser Teil des Parks von der gewaltigen Kulisse von *Space Mountain: Mission 2*, einer Achterbahnfahrt im Dunkeln, bei der es durch die Tiefe des Weltalls geht. Aber mindestens genauso beeindruckend wirken der Luftschiffhafen des *Café Hyperion* oder die halb aufgetauchte Nautilus. Fliegen, Autofahren, U-Boote, Raumfahrt – all diese bewegenden Momente und dringenden Wünsche der Menschheit sind hier nachgestellt. Allerdings sollte man sich schon an Jugendzeiten erinnern und die Welt des *Discoveryland* mit den Augen von Jules Verne oder H.G. Wells sehen, um die ganze Pracht richtig schätzen zu können. Hätte die Welt nicht wirklich beinahe aussehen können, wie es die Aussicht vom Platz vor dem *Orbitron* erahnen lässt? Vergessen wir auch nicht, was wir erst heute, viele Jahre später, über den Mittelpunkt der Erde wissen und wie tief unsere modernen U-Boote heute tauchen.

Alte trifft neue Science-Fiction

Selbst die Freunde von Buzz Lightyear oder R2D2 werden auf ihre Kosten kommen, denn auch diese gewandelte, neuere Form der Science-Fiction hat einen Platz im *Discoveryland* gefunden. So darf man hier mit Licht-

Visionen und Science-Fiction

geschwindigkeit durch das Star-Wars-Universum fliegen oder im Kampf gegen den bösen Imperator Zurg die eigene Treffsicherheit mit Laserpistolen beweisen. Weshalb? Nun, wo wären wir heute ohne die Visionäre von gestern und vorgestern, und wo kämen wir morgen hin, ohne die Visionen von heute?

Näher an der Erde bleiben

Aber es muss ja nicht immer gleich der Orbit oder der Weltraum sein, auch der Boden zu Füßen bietet reichlich Platz für Spaß. *Autopia* zum Beispiel ist so eine Vision, in der sich Vorstellung von damals und Wirkichkeit von heute ziemlich nahe kommen. Zugegeben, die ersten Automobile haben mit denen bei *Autopia* wohl nicht mehr viel gemeinsam. Dafür findet sich in Design und Ausführung heute eine zeitlose Schönheit wieder, die noch sehr eindrucksvoll an den alten Traum von der

Zukunft damals und heute im Discoveryland:
Oben rechts: Innenraum der Nautilus
Unten: Buzz Lightyear

Visionen und Science-Fiction

Links: Eindrucksvoll liegt sie da, aufgetaucht aus 20.000 Meilen unter dem Meer – die Nautilus.
Rechts: Karussellspaß vor eindrucksvoller Kulisse

Automobilität erinnert. Besonders an den der Amerikaner aus den 1950ern und 1960ern, garniert mit den Zukunftsvorstellungen von „damals".

Noch näher an den Boden der realen Tatsachen geht's in *Honey, I shrunk the Audience*. Das heißt, so ganz real sind die Tatsachen hier dann nicht – oder doch? Ein weiteres Mal entführt die Filmtechnik, und damit eine der Stärken Disneys, in die Welt der Fragen und wundersamen Begebenheiten. Wird das Publikum, wie der Name andeutet, wirklich geschrumpft? Oder wird nur die Bühne, auf der bekannte Schauspieler einen namhaften Erfinder ehren wollen, vergrößert? Oder ist es am Ende alles nur eine Mischung aus hervorragender 3D-Filmtechnik und der Präsentation in einem dafür umgebauten Special-Effects-Kino?

Abtauchen in eine andere Welt

So sehr das *Discoveryland* schon von sich aus für das Abtauchen in völlig andere Welten steht, so ist das wirkliche Verlassen der Oberfläche in der *Nautilus* schon die ganze Attraktion. Keine Achterbahn, und keine

Visionen und Science-Fiction

knatternden Kartmotoren. Nur die düstere, dichte – manchmal mit den Händen beinahe greifbare – Atmosphäre der *Nautilus*. Als hätte die Mannschaft nur für einen kurzen Moment das Schiff verlassen, dürfen Sie für einen Augenblick davon träumen, vielleicht 20.000, vielleicht auch mehr Meilen hinunter ins Meer zu tauchen. Erleben Sie dabei die Tücken eines Monsterangriffes und bestaunen Sie die robuste Tauchtechnik. Wer für einen Moment innehält, mag vielleicht auch das Knarzen des Schiffrumpfes hören, wenn er durch die Gemächer des Kapitäns wandert. Eine stimmungsvolle Oase vor dem Getümmel der Entdeckungen weiter oben an der Oberfläche, an die es leider irgendwann zurück geht. Ein letzter Blick über das Wasser der Anlegestelle und wir sind zurück im Hier und Jetzt, wieder mit festem Grund unter den Füßen.

Am besten lassen Sie sich zum Abschluss von einer der Shows im *Videopolis*, das sich das Gebäude mit dem *Café Hyperion* teilt, mitreißen. Die hochtechnisierte Bühne und die zahlreichen Special-Effects-Möglichkeiten stehen für Unterhaltung von heute mit einem gesunden Schuss Technik von morgen. Praktisch ist dabei die Nähe zum riesigen Fastfood-Angebot des *Café Hyperion*, durch das sich ein Showbesuch mit ein bisschen Glück bei der Platzwahl mit einem soliden Hamburger-Menü verbinden lässt. ∎

X-Wing Fighter-Modell vor Star Tours

Space Mountain: Mission 2
Begegnung mit einer Super-Nova

Mit seinen Dimensionen, seiner architektonischen Kunst, den vielen Facetten in der nächtlichen Beleuchtung und seinem Detailreichtum bei der Ausstattung ist dieser „Entdecker- und Weltall-Berg" das am zweithäufigsten fotografierte Wahrzeichen im *Disneyland Park*. Doch worum geht es hierbei eigentlich?

Seit 1995 werden die Besucher in *Space Mountain* mit Hilfe einer gewaltigen Kanone mitten hinein in den Weltraum katapultiert. Ging es anfangs noch frei nach Jules Verne von der Erde zum Mond, darf man nun seit 2005, passend zum zehnjährigen Jubiläum dieser wegweisenden High-Tech-Achterbahn, noch tiefer in die unendlichen Weiten des Alls vordringen. Höhepunkt der Reise ist dabei die Begegnung mit einer Super-Nova, einer sterbenden Sonne, die mit millionenfacher Helligkeit erstrahlt, bevor sie letztendlich für immer erlöschen wird.

Neben dem Katapultstart warten im Inneren des Gebäudes gleich mehrere Überschlagselemente auf die freiwilligen Astronauten – eine gute Kondition ist also Grundvoraussetzung für die wilde Reise.

Und während man mit Lichtgeschwindigkeit an den verschiedensten Szenerien und Objekten vorbeifliegt, ertönt aus den eigens dafür im „Raumschiff" untergebrachten Lautsprechern die passende Sounduntermalung. ∎

Parkscout-Tipp

Besucher mit Nackenproblemen sollten die Warnhinweise in der Wartestation unbedingt ernst nehmen: Wie bei einem echten Flug durch ein Asteroidenfeld geht es bei Space Mountain: Mission 2 etwas turbulenter zu!

Buzz Lightyear Laser Blast
Feuer frei!

Wer kennt ihn nicht – Buzz Lightyear, den unerschrockenen Helden aus „Toy Story"? Bei dieser interaktiven Themenfahrt gleich hinter dem Eingang ins *Discoveryland* dürfen Sie selbst in das Geschehen eingreifen und Buzz bei seinem Kampf gegen den bösen Imperator Zurg unterstützen. Zu diesem Zweck besteigen Sie einen kleinen Wagen, der mit Laserpistolen ausgestattet ist, und der Sie mitten hinein in die Science-Fiction-Welt des bekannten Animationsfilms führt. Der Clou daran ist, dass Sie nicht nur ihre Zielsicherheit unter Beweis stellen müssen, sondern auch mit einem kleinen Joystick das Fahrzeug um die eigene Achse drehen lassen können, um eine bessere Schussposition bei den teilweise sehr großen, mit Schwarzlicht beleuchteten Szenen zu erreichen.

Was sich vielleicht etwas martialisch anhört, ist in Wirklichkeit ein knallbunter Riesenspaß für die ganze Familie. Für jedes getroffene Ziel bekommt man eine bestimmte Punktzahl, die auf einem Display am Fahrzeug angezeigt wird.

Im Wartebereich von *Buzz Lightyear Laser Blast* wird übrigens auf Hinweisschildern genau erklärt, wie man den besten Highscore erreichen kann – wer sich „Space Ranger" nennen möchte, kann dies nur mit einer guten Mischung aus Zielgenauigkeit und strategischem Vorgehen erreichen.

Und wenn der Nachwuchs beim ersten Mal noch den Eltern bei der Punktejagd unterlegen gewesen sein sollte, kann sich dies bei der nächsten Fahrt auch ganz schnell wieder ändern! ■

Autopia
Traum von der Automobilität

Wohl kaum eine Erfindung hat die Menschheit in den letzten 100 Jahren mehr geprägt als die Entwicklung des Automobils. Kein anderer Gegenstand hat ähnlichen Kult oder eine ähnliche Wichtigkeit erlangt wie der eigene fahrbare Untersatz. Und in kaum einer Zeit waren die Autos so schön wie in den 1950ern und 1960ern die amerikanischen Straßenkreuzer. Aber egal, ob man nun das Auto eher als Familienkutsche, nüchternes Fortbewegungsmittel oder als Statussymbol betrachtet – auf der Piste von *Autopia* sind die Autos, genannt Astro Cars, in zeitlos schönem Design gehalten und laden zu einer klassischen Ausfahrt in einem sportlich-eleganten Gefährt ein.

Einmal Straßenkreuzer-Kapitän

Diesem Zauber aus knatternden Motoren, dem Geruch von Öl und Benzin und der Möglichkeit, das Gefährt selber zu lenken, können sich die wenigsten Papis und Mamis, Kinder und Großeltern entziehen. Die Führungsschiene in der Mitte verhindert selbstverständlich allzu mutige Ausritte oder gar das Verlassen der Strecke, doch macht das Mitlenken nicht nur den Kleinsten unheimlich viel Spaß. Auch die größeren Straßenkreuzer-Kapitäne sind neben dem Lenken auch mit dosiertem Gasgeben und Bremsen beschäftigt, um dem Vordermann nicht in die Stoßstange zu fahren. Wer dies alles im Griff hat, erfreut sich an einer wunderschönen Fahrt über die großzügig angelegte Piste und bewundert die Ausstattung und die Landschaft.

Die Runde ist zwar sehr lang, doch auch die längste geht einmal zu Ende. So sind es gerade die Knirpse, die wehmütig zurückschauen und versuchen, Papa und Mama doch noch zu einer zweiten Fahrt zu überreden. Meistens mit dem Ergebnis, dass der Nachwuchs mal alleine fahren darf, während der Vater mal mit der Mutti auf große Fahrt geht.

Es hat halt jeder seinen ganz eigenen Traum von der Automobilität, und ein bisschen Romantik ist auf jeden Fall immer mit dabei, wenn man mit den bunten, futuristischen Vehikeln durch den Parcours fährt. ■

Orbitron
Die fliegenden Maschinen

Die Sonne bewegt sich nicht, soll schon Leonardo da Vinci gesagt haben, und so bewegen sich die Flugzeuge des *Orbitron* eben um den Mittelpunkt des uns bekannten Weltalls, und nicht anders herum.

In seiner speziellen Art des Designs ist das *Orbitron* eher ein begehbares Kunstwerk als ein Karussell. Trotz großer Ähnlichkeiten im Fahrablauf mit dem ebenfalls beliebten Dumbo-Flug im *Fantasyland* oder den *Flying Carpets Over Agrabah* im *Toon Studio* des *Walt Disney Studios Park,* geht es hier scheinbar etwas schneller und höher zur Sache.

Über den Pilotenhebel lässt sich die Höhe des Fluges steuern, und besonders ein Nachtflug über das illuminierte *Discoveryland* verleiht diesem für die gesamte Familie geeigneten Karussell eine besondere Note. ■

Videopolis
Show und Technik von morgen

Wo anders und wo besser als im *Videopolis* und damit im *Discoveryland* – Land der scheinbar unbegrenzten Möglichkeiten – hätte man eine solch aufwändige Licht-, Ton- und Showanlage unterbringen können? Die moderne Ausstattung und die an ein Amphitheater erinnernde Architektur der zweigeteilten Tribüne stellen eine der größten und professionellsten Bühnen für Showproduktionen im ganzen *Disneyland Resort Paris* dar.

Sie bietet damit alle nötigen Grundlagen für Shows der Extraklasse und ist Arbeitsstätte für Künstler aller Couleur, Veranstaltungsfläche und Begegnungstätte für Gäste gleichzeitig. Eine beeindruckende Besuchermenge passt auf die geteilten Tribünenbereiche, und die Bauweise garantiert fast uneingeschränkte Sicht von allen Plätzen. ■

Les Mystères du Nautilus

Die Geheimnisse der Nautilus

Keine Achterbahn, kein Simulator – kurz, es ist kein Fahrgeschäft, das die Besucher der *Nautilus* erwartet. Diese scheint, halb aufgetaucht im Schatten von *Space Mountain*, im *Discoveryland* vor Anker gegangen zu sein. Eine schmale Treppe führt hinab ins Halbdunkel, und ein paar Gänge später steht man mitten in einer nachgebauten Kulisse des legendären Tauchbootes.

Die Ausstatter dieser detailliert gestalteten Oase der Ruhe inmitten des Trubels haben sich dabei die ausladenden Beschreibungen der Geschichte „20.000 Meilen unter dem Meer" von Jules Verne zum Vorbild genommen. Man erkennt auch sehr viele Parallelen zum gleichnamigen Kinokassenschlager, und so ist mit all den zur Schau gestellten Effekten und Nachbildungen eine beeindruckende Stimmung gelungen. Monsieur Verne hätte sicherlich seine helle Freude am Detailreichtum und an der dichten Atmosphäre in dieser Version der Nautilus.
Ähnlich wie beim Drachenverlies unter dem Schloss ist hier die eigentliche Attraktion die Kunst der Imagineers, die die Phantasie der Besucher beflügelt.

Sie bestimmen selbst Ihre Aufenthaltsdauer und können sich entsprechend Zeit beim Entdecken der Nautilus nehmen. Die Strecke verläuft ohne echte Abzweigungen – ein Verlaufen oder Verirren ist damit praktisch ausgeschlossen. Durch diesen Mix aus Erleben und Flanieren bietet sich der ganzen Familie eine schöne Gelegenheit, kurz zu verschnaufen und dabei trotzdem mitten im Geschehen zu sein. Der Ausgang liegt etwas abseits des Eingangs, lässt sich aber auch gut als Treffpunkt für unterschiedliche Entdecker einer Gruppe nutzen, wenn man sich mal getrennt oder verloren hat. Denn rund um die Nautilus ist der Ausblick für die Wartenden besonders abends sehr reizvoll. Wenn erst die Lichter erstrahlen, sieht die Wasserlandschaft rund um das Boot besonders beeindruckend aus. ■

Filmtipp

„20.000 Meilen unter dem Meer" war ein bedeutender Filmerfolg. Aufwändig ausgestattet und produziert, wurde er 1954 mit einem Oscar ausgezeichnet. Die Szene des Monsterangriffs aus dem Film ist ebenfalls Bestandteil der Nautilus-Kulisse.

Honey, I shrunk the Audience
Liebling, ich habe das Publikum geschrumpft

Spätestens wenn Sie Rick Moranis als verrückten Erfinder Wayne Szalinski aus „Liebling, ich habe die Kinder geschrumpft" wiedererkennen, sind Sie mitten im Geschehen. Denn selbst der zweite Unfall aus „Liebling, jetzt haben wir ein Riesenbaby" hält die Jury rund um Professor Channing nicht davon ab, eben jenem großartig-chaotischen Szalinski den Preis „Erfinder des Jahres" zu verleihen. Und da bei dieser Veranstaltung, an der Sie als Besucher teilhaben sollen, Experimente vorgeführt werden, und wahrscheinlich auch, weil man Mister Szalinski dann doch nicht so recht über den Weg traut, erhält jeder am Eingang erstmal eine Schutzbrille. Diese ist zusammen mit den auch hier vorhandenen Kopfhörern für verschiedene Sprachen wichtigstes „Werkzeug" während der Hauptshow.

Diese circa 20-minütige Veranstaltung im Kino-ähnlichen Saal entführt Sie durch geschickte Special-Effects-Technik mitten in allerlei abenteuerliche Missgeschicke des Erfinders des Jahres. Wenn die Schrumpfmaschine zum Einsatz kommt oder Ihnen Rick Moranis in seinem Gleiter um die Ohren fliegt, ist ein Angriff auf die Lachmuskeln vorprogrammiert. Beginnt dann noch die Erde zu beben, weil Sie plötzlich winzigklein sind und der Saal kräftig durchgeschüttelt wird, ist die Mischung aus dreidimensionaler Filmtechnik und überraschenden Zusatzeffekten gelungen. Finden Sie heraus, was eine solche Schrumpfmaschine anrichten kann und wie man trotzdem alle Besucher wieder auf Normalmaß zurückbringt – es soll bisher immer geklappt haben. ∎

Star Tours

Ein Trip durch das Star-Wars-Universum

Eines der bekanntesten Science-Fiction-Märchen ist sicherlich die „Star Wars"-Reihe, und zu seinen beliebtesten Figuren gehören die Roboter R2D2 und sein überkorrekter Freund C3PO. Diese zwei reparieren gerade im Auftrag von *Star Tours* einen der Star-Speeder, der auch Sie quer durch die Galaxie transportieren könnte. Regelmäßige intergalaktische Flüge scheinen an der Tagesordnung zu sein – das ist zumindest der erste Eindruck beim Betreten des Raumhafens von *Star Tours*. Die verschiedensten Ziele werden hier angeboten, doch so richtig das Wahre scheint nicht dabei.

Auf nach Endor

So drängt sich der Hyperraumsprung zum legendären Waldplaneten Endor quasi auf, denn immerhin fand dort die letzte große Schlacht gegen den Imperator statt. Aber, und so scheint es wohl auch im „Star Wars"-Universum, die Sache mit dem Transport und der eigentlichen Reise ist so eine Sache. Aufgrund von Einsparmaßnahmen setzt die Star Tours-Company teilweise auf billige, schlecht programmierte Steuerungsdroiden. Auch was sich die angestellten anderen Droiden aus der Wartung und dem Service erzählen, klingt merkwürdig. Immer wieder berichten Reisende darüber hinaus von den chaotischsten Flügen, und mancher sieht nach der erfolgreichen Landung auch arg durchgeschüttelt aus.

Star Tours erzählt mit Hilfe eines Flugsimulators eine Geschichte, wie sie im „Star Wars"-Universum Wirklichkeit sein könnte. Aber auch die stimmige Ausstattung im Wartebereich enthüllt Details aus den bekannten Filmen, die weltweit zum Kult geworden sind. Allerdings wäre die Chance, Endor problemlos zu erreichen, mit dem pfiffigen R2D2 sicherlich höher als mit seinem Blechkollegen Rex, der Sie auf Ihrem Trip begleitet. Vielleicht haben Sie ja Glück und erwischen eine reibungslose Passage zum Planeten der Ewoks. Viel wahrscheinlicher ist aber, dass Sie die Anschnallgurte im Inneren des Star-Speeders dringend brauchen werden! ∎

Buzz Lightyear's Pizza Planet
Der Toy-Story-Pizzaladen

Als Alternative zum *Café Hyperion* und damit zu Hamburgern und Co. setzt dieses Restaurant hauptsächlich auf die verschiedensten Kreationen der allseits beliebten Pizza. Auch wirklich merkwürdige, aber schmackhafte Kompositionen wie der Pizza-Burger oder die Kartoffel-Pizza warten neben allerlei anderen Speisen und Getränken vornehmlich auf das jüngere Publikum. Also auf Familien mit Kindern. Auf die ist der Platz aber auch nahezu ideal zugeschnitten, warten in der „Toy Story"-Atmosphäre doch noch ein Kinderspielplatz und eine Videospiel-Halle. Eine gute Gelegenheit also, dem Nachwuchs etwas Auslauf zu gewähren und dabei selbst gemütlich einen Kaffee zu trinken oder zu Mittag zu essen. Besonders beliebt ist ein Besuch der bekannten Charaktere aus den „Toy-Story"-Filmen, der immer zu einem großen Hallo im *Pizza Planet* führt. ∎

Café Hyperion
Unter dem Luftschiff

Hier im zweiten Fastfood-Restaurant des *Discoveryland* und im gleichzeitg größten des ganzen Parks stehen auf der Speisekarte hauptsächlich Hamburger und andere Menü-Kombinationen.

Wenn Sie planen, Ihr Mittagessen mit dem Besuch einer Show im *Videopolis* zu verknüpfen, sind Sie im Oberrang des Gebäudes richtig aufgehoben. Allerdings sollten Sie ausreichend Zeit für das Bestellen der Snacks und das Suchen eines Platzes einplanen. Die Kombination aus Essen und Unterhaltung ist für viele *Disneyland*-Besucher eben sehr reizvoll.

Auch außerhalb der Showzeiten kann es auf Grund der zentralen Lage des Restaurants zu größeren Wartezeiten und erhöhter Betriebsamkeit kommen. ∎

Das Abenteuer ruft

Attraktionen

Indiana Jones and the Temple of Peril
Besteigen Sie den wild gewordenen Minenzug
Pirates of the Caribbean
Schippern Sie mitten hinein in eine Freibeuter-Attacke
Adventure Isle
Entdecken Sie geheime Buchten und Seeräuber-Verstecke
La Cabane des Robinson
Erkunden Sie das Baumhaus der Schweizer Familie Robinson
Le Passage Enchanté d'Aladdin
Erleben Sie Aladdins Abenteuer bei Miniatur-Szenerien

Restaurationen

Blue Lagoon Restaurant
Fischgerichte und kreolische Spezialitäten
Colonel Hathi's Pizza Outpost
Pizza und Pasta
Restaurant Hakuna Matata
Gewürzte Spezialitäten vom Huhn
Agrabah Café
Orientalisches Büffett

Sind Sie bereit für die große Expedition? Haben Sie Fotoapparat, Schatzkarte und Entdeckergeist mitgebracht? Dann kann es losgehen!

Unsere Reise in die Geschichte beginnt mit dem Erreichen des fernen Orient – zur Zeit, als noch Karawanen von Oase zu Oase reisten und Märchen wie Schätze in die Welt trugen. In die Zeit, als Teppiche noch fliegen konnten und in fast jeder Öllampe noch ein mächtiger Geist lebte, der seinem Besitzer alle Wünsche erfüllte. Einem dieser Lampenbesitzer ist hier sogar eine eigene Passage gewidmet, in der seine Geschichte mit dem liebenswerten Geist und der schönen Prinzessin, der er sein Herz geschenkt hat, erzählt wird. Natürlich ist die Rede von Aladdin, dem Helden aus dem gleichnamigen Disneyfilm. Dessen Fans sollten sich diese Passage nicht entgehen lassen – doch kehren wir nun zurück nach Agrabah und dessen buntem Basar, der übrigens auch das Büffettrestaurant *Agrabah Café* beheimatet, in dem es die verschiedensten orientalischen Spezialitäten zu entdecken gibt.

Der große Basar des *Adventureland* dient dabei sowohl der Entspannung als auch der Inspiration durch seine Farben und Geschäftigkeit. Außerdem versorgen wir uns hier mit wichtigem Reiseproviant – Geschäfte, die alles für den Abenteurer bieten, gibt es zur Genüge. Schließlich gilt es, mächtigen und wilden Piraten die Stirn zu bieten und einem berühmten Forscher zu begegnen…

Piraten – Piraten!

Folgen wir dem Ruf des Abenteuers weiter und begeben uns nach rechts, so gelangen

Das Abenteuer ruft

wir bald zu einer geheimnisvollen Festung. Kommen wir dieser näher, hören wir bald den Gesang der Piraten, die stolz von ihrem Piratenleben singen. Sollen wir uns in das Innere des Forts wagen oder vorsichtshalber das Weite suchen? Wir entscheiden uns für die Gefahr, nehmen allen Mut zusammen und betreten das Gebäude… und tatsächlich: Hier ist einiges los! Nachdem wir gebeten werden, in einem Boot Platz zu nehmen, werden wir vom Wasser aus Zeuge dieses Piratenlebens, von dem der Gesang erzählt. Da wird geplündert, gekämpft, die Stadt in Schutt und Asche gelegt – und ein gigantischer Schatz angehäuft, von dem ein kleiner Teil schon genügte, alle mit Geld bezahlbaren Wünsche zu verwirklichen.

Pirates of the Caribbean – nach dieser Attraktion entstand die „Fluch der Karibik"-Filmreihe.

Das Abenteuer ruft

Wen nach dieser Aufregung der Hunger plagt und wer noch dazu vom Ambiente begeistert war, sollte sich das *Blue Lagoon Restaurant* nicht entgehen lassen. Eine Platzreservierung ist hier jedoch auch für den gestandenen Seeräuber Pflicht, wenn er mitten in Piratenkulisse speisen möchte.

Selbst ein Pirat sein

Gestärkt ergründen wir nun das Geheimnis des mächtigen Totenkopffelsens, unter dem sich ein weitläufiges Tunnelsystem verbirgt. Behalten Sie hier besser Ihre Kinder im Auge – sonst könnten sie verloren gehen. Oder aber sie entdecken den Piratenspielplatz für sich und toben sich dort richtig aus.
Nachdem die karibischen Piraten uns schon keine Angst einflößen konnten, wagen wir eine Deckerkundung des Schiffes von Captain Hook, das in der Bucht vor Anker liegt. Im Schatten des mächtigen Baumes fühlt man sich schnell selbst als Kapitän. Doch sehen wir uns den schattenspendenden Baum noch einmal genauer an: Es handelt sich hier um ein echtes Baumhaus, in dem eine schiffbrüchige Familie ihr neues Zuhause gefunden hat. Wenn Sie detailverliebte Dekorationen mögen und sich für einen Rundumblick über die Bucht begeistern können, sollten Sie unbedingt dieses Baumhaus besuchen. Der Aufstieg über die abenteuerliche Treppe und Stege-Konstruktion lohnt sich auf jeden Fall.
Unser nächstes Ziel sollte auch von dort oben zu entdecken sein: Ein mysteriöser Inkatempel mitten im Urwald lockte bereits den berühmten Forscher Indiana Jones an. Wenn wir ihn besuchen, zeigt er uns vielleicht seine neuesten Entdeckungen?

Das Abenteuer ruft

Doch Dr. Jones ist selber in Gefahr: Nachdem wir den Tempel erreichen und uns durch das Dickicht kämpfen, stellen wir fest, dass sämtliche Mitglieder der Expedition verschwunden zu sein scheinen… Nur ab und zu hallen Schreie durch den Dschungel… Vielleicht auch bald Ihre?
Wenn Wagemut und Kämpfergeist zu Ihren Charakterzügen gehören und Sie obendrein körperlich fit sind, sollten Sie sich diese Attraktion nicht entgehen lassen.

Auch hier kann nach einem großen Erlebnis großartig gespeist werden. In *Colonel Hathi's Pizza Outpost* etwa – Pizza und Pasta gehören zu diesem Restaurant mitten im Dschungel genauso dazu wie die Wasserfälle, die man beim Speisen auf der Terrasse beobachten kann. Ansonsten können Sie natürlich auch auf die Suche nach Timon und Pumbaa aus „Der König der Löwen" gehen. Im *Restaurant Hakuna Matata* haben Sie gute Chancen, diesen zu begegnen.

Ob wilde Jagden durch geheimnisvolle Tempel, spannende Geschichten über Piraten, Ausblicke über den Park von einem faszinierenden Baumhaus oder dem Erlebnis, als Pirat noch einmal jung zu sein: Das *Adventureland* bietet für jeden etwas. ∎

Links: Eingang zum großen Basar des Adventureland
Unten: Höhlen, Gänge, Hängebrücken und verschiedene Überraschungen prägen die Adventure Isle.

Indiana Jones and the Temple of Peril
Dr. Jones lässt bitten…

Welcher Abenteurer könnte besser zu einem rasanten und zugleich furchteinflößenden Abenteuer passen als der draufgängerische Hochschulprofessor „Dr. Henry Jones Jr."?

Pardon – Dr. Jones dürfte natürlich unter dem Namen „Indiana Jones" besser bekannt sein. Tief im Dschungel des *Adventureland* versteckt liegt der Temple of Peril – unheimlich und gespenstisch ist es hier. Vorbei an verlassenen Geländewagen und Ausrüstungsgegenständen einer Expedition schlängelt sich der Weg durch den Wartebereich dieser Attraktion und entpuppt sich schon als erzählerisches Element. Und plötzlich sieht man sich einer gigantischen Treppe gegenüber, die, nachts durch Fackeln beleuchtet, den Eingangsbereich markiert.

Während man noch die furchteinflößenden Schlangenfiguren am Fuße der Treppe bewundert, wird man plötzlich aufgeschreckt: Was ist das? Ein Raunen und Schreie dringen aus dem Bauwerk! Ein Blick hinauf verrät, dass wildgewordene Bergwerksloren scheinbar führerlos um das beeindruckende Tempelmassiv rasen.

Abenteuer pur

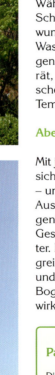

Mit jeweils zwölf Personen beladen, kämpfen sich die schweren Loren den Aufzug entlang – und noch bevor die Fahrgäste die schöne Aussicht über das *Adventureland* richtig genießen können, geht es schon in voller Geschwindigkeit den ersten Abhang hinunter. Noch ein- oder zweimal Luft holen, dann greift der böse Geist des Tempels erneut an und schleudert den Zug in einem gewaltigen Bogen durch den Looping – eine wirklich atemberaubende Fahrt. ∎

Parkscout-Tipp

Die rasante Fahrt macht aus einfachen Parkbesuchern verwegene Abenteurer und zählt nicht umsonst zu den meistbesuchten Fahrattraktionen des Disneyland Park. Nutzen Sie bei größerem Andrang das bewährte Fastpass-System und treten sie dann in die Fußstapfen des Dr. Jones…

Pirates of the Caribbean
Spaßiges Familienabenteuer

Fantastische Kulissen, dichte Atmosphäre und ein Soundtrack, der einem gar nicht mehr aus dem Kopf gehen will: Die Piraten der Karibik sind nicht umsonst einer der absoluten Renner bei den Disney-Fans weltweit.

Natürlich haben sich diese Piraten das *Adventureland* mit seinen versteckten Buchten und dem Dickicht an Pflanzen und Felsen zur Heimat gemacht, denn das perfekte Versteck ist hier schnell gefunden!

Eine massive alte Festung beherbergt diese Attraktion. Schon beim Betreten des Gebäudes läuft es einem eiskalt den Rücken hinunter. Dunkle Gänge, kalter Stein – und das allgegenwärtige Singen der Piraten von großen Schätzen und dem Piratenleben. Doch nach dem Marsch durch die Verliese gelangt man zunächst zu einem kleinen unterirdischen Hafen, in dem man gebeten wird, in einem der Boote Platz zu nehmen.

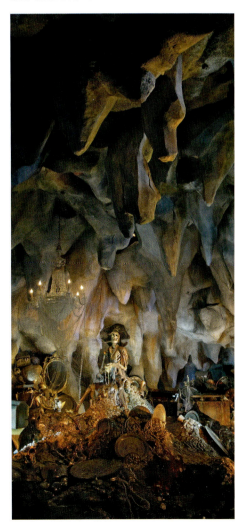

Vorbei am *Blue Lagoon Restaurant*, das malerisch in die Kulissen eingebettet ist, führt die Fahrt durch die Kerker der Festung. Plötzlich ist man Zeuge eines Piratenangriffes: Ein Dorf wird von den Piraten geplündert – dargestellt mit lebensecht animierten Figuren. Hier stehlen sie die Gold- und Schmuckbestände der reichen Bürger, dort kämpfen sie mit ihren Säbeln gegen die Verteidiger oder schwingen nur knapp über den Köpfen der Besucher über das Wasser.
Und schließlich gelangt man dorthin, wo alle Piratenschätze wohl einmal landen: in eine geheimnisvolle Höhle mit Bergen von Gold und Edelsteinen...

„Yo Ho! Yo Ho! A Pirate's Life for me!"

Diese Attraktion ist Spaß für die ganze Familie und dank ihres Detailreichtums werden Sie sicherlich *Pirates of the Caribbean* wieder und wieder besuchen. ■

Filmtipp

Das Piratenabenteuer ist übrigens in leicht abgeänderten Varianten in allen Disney-Parks weltweit zu finden und diente inzwischen sogar als Grundlage für die spannende Filmtrilogie „Fluch der Karibik" mit Johnny Depp als wagemutigem Kapitän in der Hauptrolle.

La Cabane des Robinson
Das Baumhaus der Familie Robinson

Weithin sichtbar ist das 30 Meter hohe Baumhaus der Schweizer Familie Robinson, das auf der *Adventure Isle* auf erkundungslustige Besucher wartet. Der gigantische künstliche Baum ist eine Nachbildung des Baumhauses, in dem sich die Helden in dem Disney-Film „Dschungel der tausend Gefahren" ein neues Zuhause aufbauten, nachdem sie Schiffbruch erlitten hatten und auf der einsamen Insel gelandet waren.

Mit Resten aus dem Schiffswrack und geretteten Einrichtungsgegenständen wurden die einzelnen „Zimmer" dekoriert und können über eine komplizierte Anordnung an Treppen und Stegen bestaunt werden. Neben dem Blick auf die Küche, die reich ausgestattete Bibliothek und die gemütlichen Schlafzimmer wird der Erkundungsgang mit einem tollen Ausblick über das *Adventureland* belohnt, das man mit den Teleskopen im Ausguck aus der Vogelperspektive beobachten kann. Der Baum selber ist ein wahrhaft beeindruckendes Werk mit seinen mehr als 360.000 handgefertigten Blättern und den mehr als 130.000 Blüten.

Bemerkenswert ist auch das ausgetüftelte System, welches das ganze Haus mit Wasser versorgt. Weitere Überreste des Schiffes, mit dem die Familie Robinson auf dieser Insel strandete, kann man um den Baum herum finden, wo die Parkbänke aus alten Kleiderschranktüren gefertigt sind. Das Wrack des Schiffes selbst ist nur einen Steinwurf vom Baumhaus entfernt. ∎

Adventureland

Adventure Isle

Finstere Höhlen und mächtige Schiffe

Ein ganz spannender Spaß für die kleinen Abenteurer ist die *Adventure Isle* – die Insel der Abenteuer. Man erreicht diese über eine der verschiedenen Brücken. Je nach Geschicklichkeit, Mut oder Geschmack wählt man zum Beispiel die Fassbrücke oder aber die Hängebrücke, die hoch über dem Wasser verläuft.

Bereits auf dem Weg fällt dem Abenteuerlustigen ein gigantischer in den Fels geschlagener Totenkopf ins Auge. Dieses Erkennungszeichen der Piraten ist hier zugleich das Wahrzeichen der Insel. In den verzweigten Höhlen unter der Insel soll sich sogar ein Pirat mit seinem Schatz befinden. Auch tief unter den Wurzeln des Baumhauses der Familie Robinson, das ebenso auf der *Adven-*

ture Isle zu finden ist, erstrecken sich Hohlräume im Erdboden – zu entdecken gibt es hier auch die Speisekammer der Robinsons.

Nach den Erkundungsgängen in den Höhlen macht es den Kleinen dann natürlich besonders viel Spaß, sich auf Captain Hook's mächtiger Galeone umzusehen, die dort vor Anker liegt. Vielleicht trifft man hier den bösen Schergen aus den berühmten „Peter Pan"-Filmen auch einmal persönlich – aber keine Angst, mehr als ein Foto zum Fürchten wird wohl nicht dabei herumkommen.

Sich als echter, von allen gefürchteter Pirat zu fühlen und am Ruder des Schiffes tollen Abenteuern entgegenzuträumen – was könnte schöner sein? Vielleicht, sich auf dem Abenteuerspielplatz *Pirates' Beach* nach Herzenslust auszutoben? Das allerdings gilt ausschließlich nur für Ihre Kinder – Erwachsene sind hier leider nur zum Zuschauen verdammt, auch wenn es manchmal schwer fällt. ∎

Adventureland Bazaar
Händler und Geschichten

Orientalische Basare sind Orte der Farben, Gerüche oder auch exotischer Geschichten aus 1001 Nacht. Im *Disneyland Park* wählte man daher einen orientalischen Basar als Eintrittstor in den *Adventureland*-Themenbereich. Dank der Anzahl an verwinkelten Räumen und Geschäften glaubt man wirklich bald, sich in Agrabah zu Zeiten Aladdins zu befinden, dessen Abenteuer man in *Le Passage Enchanté d'Aladdin* noch einmal miterleben kann: Wer den Pfaden entlang der prächtigen Lampen, Wandteppiche und sogar vorbei an einer Quelle folgt, begleitet den Helden in zahlreichen Szenenabbildungen bis zum Happy End im Mondenschein. Diese Attraktion im typischen Disney-Stil soll-

ten Sie sich auf keinen Fall entgehen lassen – zumal Sie hier praktisch nicht mit Wartezeiten rechnen müssen.

Handeln wie in Agrabah

Ob handgearbeitete Souvenirs, Ledertäschchen oder bequeme arabische Pantoffeln – bei *Les Trésors de Schéhérazade* findet man allerlei Mitbringsel für die Lieben daheim – wie im „echten Urlaub" eben.
Alleine den fliegenden Teppich oder die Lampe mit dem Dschinni sucht man leider vergebens – oder sollte sich in einer unbeobachteten Ecke doch der eine oder andere Zauberartikel verstecken? Gleich gegenüber dem Basar, zu Besuch im Shop *La Girafe Curieuse,* bewacht eine wunderliche Giraffe einen eingegrabenen Landrover – und bietet auf der anderen Seite eine reiche Auswahl an Safari-Equipment. ■

Blue Lagoon Restaurant
Karibische Genüsse

€
€€
€€€

Das *Blue Lagoon* ist nach Meinung von vielen Stammgästen eines der schönsten, wenn nicht sogar das schönste Restaurant im Park. Etwas versteckt gelegen, findet man den Eingang unweit des Ausgangs der *Pirates of the Caribbean*. Die Lage des Restaurants kann im Übrigen als fantastisch bezeichnet werden – dürfen die Gäste hier doch mitten in der Dekoration der Piratenfahrt Platz nehmen und beim gemütlichen Essen den langsam vorbeifahrenden Booten zuschauen. Die Lagune, in der man sich befindet, wird vom Mond beschienen und taucht die Szenerie unter dem funkelnden Sternenhimmel in ein romantisches Licht.

In dem stufenförmig angeordneten Restaurant sollten Sie versuchen, einen der hinteren Plätze auf der untersten Ebene in der Nähe des Wassers zu bekommen – dies sind die besten Tische und erfordern natürlich unbedingt eine Reservierung. Von hier aus haben Sie nicht nur einen schönen Blick auf das Ufer gegenüber, sondern fühlen sich dank der Restaurantdekoration mit der stimmungsvollen Fackelbeleuchtung und allgegenwärtigen Musikuntermalung wie mitten in der Karibik.

Fisch und mehr

Die Speisekarte dieses Restaurants mit Tischbedienung bietet vor allem den Freunden von Fischgerichten kulinarische Köstlichkeiten. So ist neben Lachs und Hummer vor allem der Schwertfisch zu empfehlen. Aber auch „normale" Speisen sind im Angebot, so dass ein Gast, der keinen Fisch mag, trotzdem in die Welt des *Blue Lagoon* eintauchen kann.

Auch wenn es sich hier um eines der höherpreisigen Lokale im Park handelt, so rechtfertigt das „Drumherum" dies jedoch voll und ganz. Besonders wenn es draußen ungemütlich nass oder kalt ist, ist es eine Wohltat, in diese phantasievolle Welt einzutauchen. Und mit einem leckeren Tröpfchen Wein vergeht die Zeit hier wie im Fluge. ■

Colonel Hathi's Pizza Outpost
Essen wie im Dschungel

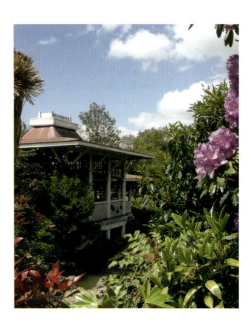

Unweit der Achterbahn *Indiana Jones and the Temple of Peril* befindet sich *Colonel Hathi's Pizza Outpost*. Wie der Name schon vermuten lässt, warten hier vor allem verschiedene Pizza- und Pastagerichte auf die hungrigen Gäste.

Das im Kolonialstil erbaute Restaurant erweckt den Eindruck, mitten im geheimnisvollen Dschungel zu stehen, der sich nach und nach auch ins Gebäude vorkämpft. Lianenumschlungene Säulen und singende Vögel sorgen für ein stimmungsvolles Ambiente. Im Sommer sollten Sie sich unbedingt einen Tisch auf der Terrasse reservieren, um von hier aus die Wasserfälle im tropischen Garten zu bewundern. Und mit ein wenig Glück spielt gerade in dem Moment eine der vielen Bands ein Melodien-Medley aus den passenden Disney-Klassikern. ∎

Restaurant Hakuna Matata
Timon und Pumbaa würden hier speisen

Im *Restaurant Hakuna Matata* werden sich vor allem die Fans des Disney-Klassikers „Der König der Löwen" zu Hause fühlen.

Das Restaurant selbst ist stark von echter afrikanischer Architektur beeinflusst, was in einigen bemerkenswerten Speiseräumen umgesetzt wurde. Im Hintergrund ist die bekannte Musik aus dem Film zu hören, und nicht selten ertappt man sich dabei, die Melodie fröhlich mitzusummen.

Bei diesem „Self Service"-Restaurant dominieren raffiniert gewürzte Hähnchengerichte aller Art. Besonders empfehlenswert ist natürlich bei gutem Wetter ein Platz auf der Außenterrasse mit einem wunderschönen Blick auf die üppige Vegetation des Bereiches oder die orientalischen Gebäude der angrenzenden Stadt Agrabah. ∎

Adventureland

Agrabah Café
Speisen aus 1001 Nacht

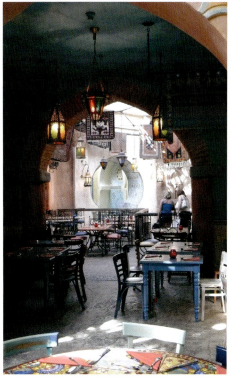

Das gleich rechts hinter dem Haupteingang von *Adventureland* liegende *Agrabah Café* verzaubert seine Gäste mit der Magie des Orients – verschiedene kleine Bereiche im Inneren sorgen trotz der Größe des Restaurants für ein hohes Maß an Intimität: Hier warten unter anderem ein Harems-Raum, ein aufwändig gestalteter Innenhof oder ein kleiner Bazar auf die hungrigen Gäste. Dabei hat man teilweise durch die geschickte Innenarchitektur den Eindruck, dass man sich im Freien befinden würde, was den Charme dieses wirklich außergewöhnlichen Restaurants noch einmal deutlich unterstreicht.

Das gastronomische Angebot des *Agrabah Café* besteht aus einem großen All-you-can-eat-Büffett mit hauptsächlich passenden orientalischen Spezialitäten wie Couscous, Kabab oder Laban, Getränke werden an den Tisch gebracht. Für Freunde der arabischen Küche ist ein Besuch also nicht nur wegen der detailverliebten Innengestaltung ein unbedingtes Muss. ■

Parkscout-Tipp

Da der Eingang des Agrabah Café recht klein ist und ein wenig versteckt liegt, gehört es auch an besucherstarken Tagen zu den ruhigsten Restaurants des Parks.
Es liegt preislich unter den reinen Service-Restaurants und ist damit eine willkommene Alternative zu den Selbstbedienungs-Restaurants, bei denen man an vollen Tagen mit recht langen Wartezeiten rechnen muss.

Frontierland

©DISNEY

Der wilde, wilde Westen...

Attraktionen

Big Thunder Mountain
Rasen Sie in einem führerlosen Zug achterbahnmäßig mitten durch einen Berg
Phantom Manor
Besuchen Sie eine geheimnisvolle Gruselvilla
Thunder Mesa Riverboat Landing
Kreuzen Sie im Schaufelraddampfer über den Fluss
Pocahontas Indian Village
Eine friedliche Spieloase für Jungindianer
Critter Corral – Woody's Roundup Village
Photo Point

Restaurationen

Silver Spur Steakhouse
Typische Grillgerichte
Last Chance Café
Menü im Western-Stil
The Lucky Nugget Saloon
Tex-Mex-Büfett
Fuente del Oro Restaurante
Mexikanische Spezialitäten
Cowboy Cookout Barbecue
Hähnchen, Hamburger, Spare Ribs

Vom *Central Plaza* geht es links durch ein großes Fort hinein ins *Frontierland* – das Land des Wilden Westens. *Thunder Mesa* heißt die Stadt hinter dem Fort, in der sich alles finden lässt, was man von einer waschechten Westernstadt wohl erwartet: Ein Saloon, ein Steakhaus, die *Thunder Mesa Riverboats*, eine alte Goldmine und vieles mehr noch lockt die großen und kleinen Cowboys und Indianer in die Stadt. Sogar einen stilechten Bahnhof mit einer Wasserladestation für die Dampfloks gibt es. Also, den Cowboyhut tiefer ins Gesicht gezogen – den Sheriffstern noch einmal gerade gerückt, und hinein geht es ins Wildwest-Abenteuer. Gleich zu Anfang der *Thunder Mesa Road* liegen der Saloon, das *Last Chance Café* und das Steakhaus. Hier erfrischen und stärken sich die Einwohner der Stadt auf Cowboy-Art mit großen Steaks oder einem Drink im *Lucky Nugget Saloon*. Danach lockt eine Fahrt mit einem der beiden Raddampfer, zum Beispiel mit der eleganten *Molly Brown*. Hält man sich links auf der *Thunder Mesa Road*, geht es vorbei am Anleger der Riverboats hinauf zu *Phantom Manor*. Dunkel ragt dieses verwunschen und verlassen wirkende Haus aus den Baumwipfeln hervor – was sich darin wohl verbergen mag?

Den Abschluss des linken Teils von *Frontierland* bildet der kleine Friedhof *Boot Hill*, auf dem sich Spuren merkwürdiger Geschehnisse in *Thunder Mesa* finden lassen. Der Friedhof bietet auch einen fantastischen Blick auf das sprudelnde und köchelnde Geysirfeld hinter *Phantom Manor*, das den landschaftlichen Schlusspunkt an diesem Ende setzt.

Der wilde, wilde Westen...

Zurück auf der *Thunder Mesa Road*, führt der Weg entlang den *Rivers of the Far West* nun Richtung *Pocahontas Indian Village*. Vorbei an der *Rustler Roundup Shootin' Gallery* ist der nächste wichtige Stopp bei *Big Thunder Mountain*. Diese Achterbahn hat ihren Namen von den mächtigen Bergen in der Mitte des *Frontierland*. Immer wieder rasen die Geisterzüge der alten Mine durch die Schluchten und vorbei an den Felsen in diesem Gebirge.

Auf dem Weg in die Familienoase

Nahe dem Eingang zu *Big Thunder Mountain* liegt auch das *Fuente del Oro*, das mexikanische Restaurant im *Frontierland*. Hier werden Spezialitäten-Snacks angeboten, und bei sonnigem Wetter lädt der offene und große Lichthof des Restaurants zu einem Aufenthalt ein.

Von hier aus ist es nur noch ein Steinwurf zum *Pocahontas Indian Village*-Spielplatz, der mit seinen vielen Rutschen und Klettermöglichkeiten besonders für kleine Kinder ein echtes Highlight ist. Gleich in der Nähe befindet sich auch das *Chaparral Theater*, der Zugang zu den *River Rogue Keelboats*, das *Frontierland Depot* und das *Cowboy Cookout Barbecue*-Restaurant. Besonders das große SB-Restaurant und das Showtheater bieten Platz für eine große Anzahl Gäste, so dass selbst Kurzentschlossene in der

Oben: Wild-West-Romantik findet sich in vielen Details.
Unten: Die Felslandschaft, die der Top-Attraktion Big Thunder Mountain ihren Namen gibt

Der wilde, wilde Westen...

Oben: Molly Brown auf großer Fahrt
Rechts: Unheimlich und geheimnisvoll – Phantom Manor

Hauptsaison eigentlich immer einen Sitzplatz finden.

Wer eine Fahrt über die *Rivers of the Far West* bisher verpasst hat, kann hier einen Teil davon nachholen. Mit den deutlich kleineren *River Rogue Keelboats* geht es noch einmal hinein in die Gewässer am Fuße von *Big Thunder Mountain*, und ähnlich wie bei den *Thunder Mesa Riverboats* erzählt auch diese Fahrt eine kleine Geschichte aus vergangenen Tagen.

Zum Ausklang eines Rundganges durch das *Frontierland* warten die Züge der *Disneyland Railroad* und bringen die Besucher vom *Frontierland Depot* zum nächsten Bahnhof. Die recht kurze Strecke ins *Adventureland* ist allerdings zu Fuß zu bewältigen – der breite Weg dorthin beginnt nahe dem *Fuente del Oro*-Restaurant.

Ein Blick auf die Gestaltung

Kein anderes Thema findet sich so häufig in Freizeitparks wieder wie der Wilde Westen. Doch erst wenn alles wirklich zusammenpasst, kann die Illusion Wirklichkeit werden, und der Besucher fühlt sich tatsächlich in die entsprechende Zeit und Umgebung zurückversetzt. Sehr viel stimmiger als hier geht es wohl kaum noch, möchte man möglichst viele Details aus alten Zeiten gleichzeitig aufleben lassen. Schon die Gestaltung der Landschaft mit den typischen roten Bergen, dem langen Fluss und dem Geysirfeld bietet eine enorme Kulisse für das Geschehen davor. Und auch dieses Geschehen ist geprägt von unzähligen Details in der Ausgestaltung. So erblickt man überall im Boden die Hufspuren der Pferde, die man an jeder Ecke erwarten möchte.

An den Wegen stehen Objekte, wie zum Beispiel eine große Dampfmaschine, die als stumme Zeugen ein wenig mehr über das Leben und Arbeiten der vergangenen Tage

Der wilde, wilde Westen...

erzählen. Viele solcher Details setzen die Geschichten dann fort – so findet sich im Warteraum zur Achterbahn *Big Thunder Mountain* ein Schild, das den Minenarbeitern damals erklärte, welches Glockenzeichen welche Bedeutung hat. Eine richtige Litanei für diese Form der Kommunikation ist da zusammengekommen.

Ein entspannender Ausflug mit einem der Raddampfer nutzt die Szenerie des Gebirges und den sich darum schlängelnden Fluss, um auch etwas vom Flair zu vermitteln, denn die alten Zeiten waren nicht immer nur anstrengend. Wer mit offenen Augen durch das *Frontierland* wandert, findet noch mehr kleine Details, Geschichten und Anekdoten.

Über das Leben und Wirken solcher Legenden, wie zum Beispiel Davy Crockett, erzählen die Ausstellungsstücke in *Fort Comstock*, in dessen Schatten es sich auch einen Moment rasten lässt. Das *Frontierland Depot* ist sicher der beeindruckendste der vier Bahnhöfe auf der Strecke der *Disneyland Railroad*, und auch hier wird wieder eine der interessanten Geschichten aus der Entwicklung der damals noch jungen Vereinigten Staaten von Amerika erzählt: die Geschichte der Eroberung durch die Eisenbahn. Um also in den Wilden Westen einzutauchen, ist das *Frontierland* die beste Adresse. Zahlreiche Shops halten dazu die passende Ausstattung und Souvenirs bereit, um allen Cowboys, Indianern und Sheriffs die Pionierzeiten näher zu bringen. Auch das Speiseangebot ist passend – deftig, kräftig und vielfältig.

Somit gibt es überall im *Frontierland* nicht nur Attraktionen, Shows und Shops, sondern auch typische Wild-West-Gaumenfreuden zu entdecken. ■

Big Thunder Mountain
Achterbahnfahren wie im Monument Valley

Geht man allein nach der Thematisierung, dann ist *Big Thunder Mountain* als Achterbahn wohl eine der schönsten im ganzen Resort. Nicht Loopings oder andere Überschläge sorgen hier für das Vergnügen, sondern die Gestaltung macht den ganz besonderen Reiz dieser Bahn aus. Als eher beschauliche Achterbahnfahrt ist sie auch für empfindlichere Mägen geeignet. Mit einem der alten Bergwerkszüge fährt man durch die Stollen einer alten Mine und unter dem Fluss entlang in das namensgebende Gebirge, auf dem der größte Teil der Strecke verläuft. Vorbei an den Schachtanlagen und durch zahlreiche Tropfsteinhöhlen führt der Weg, bevor er auf der anderen Seite wieder am Ausgangspunkt endet.

Viele Figuren, Kulissen und Soundeffekte unterstützen den Eindruck eines echten Berges, der durch Schürfer im Goldrausch mit einer Mine erschlossen wurde. Durch die Schluchten und die hohen Felsen wirkt das Tempo sehr viel aufregender, als es eigentlich ist. Dabei ist die Fahrt aber keinesfalls langweilig – im Gegenteil, durch die Fülle an Dingen, die es unterwegs zu bestaunen gibt, lässt sich die Fahrt jedes Mal anders erleben. Alles endet scheinbar mit einem großen Knall in einem einstürzenden Schacht, ehe dann die Station Gelegenheit bietet, sich den Staub aus den Kleidern zu klopfen.

Doch selbst nach zwei oder drei Fahrten glaubt man, noch nicht alles entdeckt zu haben, und eigentlich rundet erst eine Fahrt mit den *Thunder Mesa Riverboats* rund um die beeindruckende Felsformation das Bild komplett ab, so detailreich ist die Anlage gestaltet. Mancher Erstbesucher, der das *Frontierland* betritt, mag sich fragen, wo wohl der Zugang zu dieser Achterbahn liegt, denn zuerst fällt gar nicht auf, dass die Bahn einen Teil ihrer Strecke unterirdisch fährt. Erst nahe der Station schießen ab und an die Züge aus dem Dunkel, und es lässt sich erahnen, wie die Züge wohl auf diese bergige Insel gelangen. ■

Parkscout-Tipp

Big Thunder Mountain ist eine der Fastpass-Attraktionen, auch wenn an weniger stark besuchten Tagen das System nicht immer eingesetzt wird. Der Fastpass-Einlass befindet sich etwas von der eigentlichen Station entfernt Richtung Pocahontas Indian Village und die Fastpass-Ausgabe direkt am Eingang selber.

Phantom Manor
Das verfluchte Anwesen

An besseren Tagen muss das Haus des Stadtvaters Henry Ravenswood wahrlich imposant ausgesehen haben, zumindest lassen die verblichene Pracht und der viktorianische Stil dies erahnen. Doch irgendetwas stimmt nicht. Es wirkt alt, verlassen und wenig einladend. Fast schon drohend ragt es über die Wipfel der Bäume, die im Frühling wunderschöne Blüten tragen. Besonders in der Dunkelheit und zu Halloween wirkt der Anstellbereich im verwilderten Garten von *Phantom Manor* ein wenig gruselig und beängstigend. Was mag sich hinter der Pforte zum Haus wohl verbergen?

Welcher Fluch mag auf diesen Gemäuern liegen, und warum scheint es heute unbewohnt? Dass das Anwesen keinesfalls unbewohnt ist, davon mag sich überzeugen, wer mutig genug ist, einen Fuß in die Dämmerung zu setzen, um eine Reise durch Haus und Kellergewölbe anzutreten. Es sind allerdings keine Schockeffekte oder Schreckmomente, die man erwarten sollte, sondern eine üppig ausgestattete Themenfahrt, die Licht in das Dunkel um die Geschichte des Hauses bringt. Vorbei an vielen Szenerien und ausgestattet mit zahlreichen audiovisuellen Effekten und unzähligen Animatronics, ist dies die Disney-Variante des Haunted Mansion und absolut familientauglich. Viele Szenen regen die Phantasie an und nutzen optische und akustische Täuschungen.

Familientauglicher Gruselspaß

Höchstens die Allerkleinsten könnten sich tatsächlich fürchten, während alle anderen durch eine mysteriöse, gruselige, aber auch amüsante Atmosphäre unterhalten werden. Eine endlose Schlange an Wagen führt in verwinkelten Gängen, Korridoren und Stollen durch das Areal, vorbei an den merkwürdigsten Gestalten und wundersamsten Kulissen. Schon der Weg aus dem

seltsamen Raum, den die Besucher als erstes betreten, ist gesäumt mit zahlreichen verwirrenden Gemälden und Figuren.

Am Ausgang von *Phantom Manor* liegt der kleine Friedhof *Boot Hill* und an dessen Ende ein großes Geysirfeld. Auf dem Friedhof lassen sich einige der Personen aus der Stadt *Thunder Mesa* wiederfinden, und manch ein Arrangement mag für ein Lächeln sorgen. Wer auf der Suche nach der Wahrheit um *Phantom Manor* ist, findet hier vielleicht weitere Antworten. ∎

Parkscout-Tipp

Auf dem Weg vom ersten Raum zum eigentlichen Einstieg sind die Gänge mit zahlreichen Gemälden verziert, die mittels einfacher optischer Tricks ihr Aussehen verwandeln oder die Besucher mit ihren Augen verfolgen. Schauen Sie sich diese Gemälde doch einmal genauer an.

Thunder Mesa Riverboat Landing
Auf großer Raddampferfahrt

Rund um den *Big Thunder Mountain* auf den *Rivers of the Far West* schippern die beiden Raddampfer *Molly Brown* und *Mark Twain*. Schon die Anlegestation, das *Riverboat Landing*, stimmt auf eine gemütliche Fahrt ein, die einmal um das Gebirge herumführen wird. Zur Fahrt gehört auch eine Geschichte, die in französischer und englischer Sprache erzählt wird. Darüber hinaus laden die offenen Decks der Schiffe zum Flanieren ein und bieten zahlreiche wunderschöne Ausblicke auf die wie echt wirkende Landschaft. Sogar einige Enten- und Gänsefamilien haben ein Zuhause auf den Gewässern gefunden, und zu jeder Jahreszeit gesellen sich gerne einige Möwen hinzu.

Beschauliches Dahingleiten

Alles andere also als eine actiongeladene Fahrt – viel mehr etwas für das Auge und auch Gelegenheit, sich etwas auszuruhen. Vor allem nach einem ausgiebigen Essen ist ein Ausflug mit diesen Booten ein Erlebnis, und in abendlicher Beleuchtung wirken die Schiffe besonders elegant und romantisch. Auch Rückzugs- und Sitzmöglichkeiten im überdachten Innenbereich sind an Board vorhanden, so dass ein Ausflug selbst bei Regenwetter möglich ist.

Bei Sonnenschein bieten die Kulisse des Gebirges und das Treiben auf der *Thunder Mesa Road* viele Motive für Erinnerungsfotos, ehe dann zum Ende der Fahrt auf der rechten Seite das Geysirfeld mit seinen Fontänen ein sehr schönes Bild abgibt.

Eine gute Viertelstunde Zeit sollte mitbringen, wer sich diesen Raddampferausflug nicht entgehen lassen möchte. So lange dauert nämlich eine Fahrt mit der *Molly Brown*, die an stark besuchten Tagen von der *Mark Twain* unterstützt wird. So mögen wohl auch Fahrten auf den legendären Mississippi-Dampfern gewesen sein, und wer tatsächlich seinen Fotoapparat dabei hat, bekommt ein paar ganz spezielle Ecken des *Frontierland* vor die Linse. ∎

Pocahontas Indian Village

Spielplatz für Indianer

Spielen, Toben, Rutschen, Klettern – all das in einem Ambiente, das an den beliebten Film „Pocahontas" erinnert. Hier auf dem Spielplatz haben besonders die Kleinsten den größten Spaß.

Ausgestattet ist der Platz mit allem, was Kindern Freude macht und die Bewegung fördert. Von Klettergerüsten über Schaukeln bis hin zu Rutschen ist alles vorhanden, und die extra-weichen Böden um die Spielgeräte herum sorgen für größtmögliche Sicherheit. Für die erwachsenen Besucher stehen zahlreiche Bänke zum Ausruhen und Beobachten zur Verfügung, denn die sollen hier nicht mitspielen – dieses kleine Reich ist für Kinder bis zwölf Jahre reserviert.

Die Nähe zum großen SB-Restaurant *Cowboy Cookout Barbecue* macht diesen Spielplatz zu einem beliebten Treff- und Sammelpunkt für Familien mit Kindern. ∎

Critter Corral – Woody's Roundup Village

Fotos mit Sheriff Woody

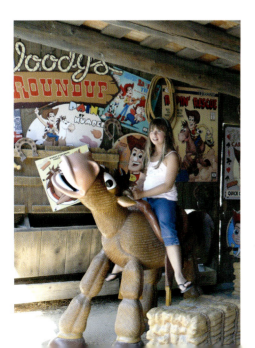

Wir wir ja aus dem Film „Toy Story 2" wissen, war der beliebte Westernheld Woody der große Star einer eigenen Fernseh-Serie in den 1950er Jahren.

Grund genug also, diese Zeit wieder aufleben zu lassen: In *Woody's Roundup Village* begegnen Sie allen Hauptfiguren dieser gleichnamigen Serie – live und in Farbe!

Die Besucher dürfen hier dem gewitzten Cowgirl Jessie die Hände schütteln, auf Bullseye, dem schnellsten Pferd des Wilden Westens, reiten, dem zwielichten Ganoven Stinke-Pete Auge in Auge gegenüber treten und natürlich mit Sheriff Woodie anschließend ein Erinnerungsfoto machen. Obwohl sich *Woody's Roundup Village* natürlich vor allem an Kinder richtet, werden trotzdem auch die erwachsenen Gäste ihren Spaß an den verschiedenen Photo Points haben. ∎

€
€
€
Silver Spur Steakhouse
Deftige Kost für Cowboys

Frontierland

Hier im *Silver Spur Steakhouse* gibt es, wie der Name schon sagt, Steaks und auch viele andere, deftige Fleischgerichte. Die Atmosphäre ist urig, gemütlich und luxuriöser als zum Beispiel im *Cowboy Cookout Barbecue*, und es werden auch ein paar Dollar mehr vom Cowboylohn verlangt – doch dafür gibt's eine überaus sättigende Küche, die größten Steaks und sogar amerikanische Weine stehen auf der Karte. Wer auf der Suche nach anspruchsvollen Gerichten aus der Westernzeit ist, findet mit dem *Silver Spur* die erste Adresse dafür. Gewählt wird aus den zahlreichen Menüs oder à la carte. Kräftige Vorspeisen, ausgefallene Hauptgerichte wie Bisonragout oder Ribs vom Grill prägen die Karte. Und sogar bei der Zubereitung in der offenen Küche kann man teilweise zusehen – genießen und erleben für eine Handvoll Dollar mehr. ∎

€
Last Chance Café
Schnelle Snack-Chance

Nicht so sehr der Kaffee, wie man vermuten mag, viel mehr der kleine, schnelle Snack steht im *Last Chance Café* bereit. Pommes Frites und Chickennuggets, Sandwiches und diverse Kleinigkeiten seien dabei hauptsächlich erwähnt. Diesen kleinen, aber sehr schön gestalteten Imbiss findet man nicht weit entfernt von der Anlegestelle der Raddampfer. Vom Außenbereich mit Tischen und Stühlen bietet sich ein sehr schöner Blick über die Kulisse von *Big Thunder Mountain* und den *Rivers of the Far West* bis hinüber zu *Phantom Manor*, das ebenfalls nicht weit entfernt liegt. Selbstverständlich gibt es hier neben den Snacks auch Softdrinks und Kaffee, so dass dieser Platz zur Stärkung und Erfrischung zwischendurch einlädt.

Zwar ist das hier im *Frontierland* nicht die letzte Chance dazu, aber ganz sicher eine sehr gute. ∎

The Lucky Nugget Saloon

Essen, Trinken, Show

Wohl kaum ein Ort einer Wildwest-Stadt ist besser besucht und farbenfroher als der örtliche Saloon. Er ist Treffpunkt für Essen, Trinken und Shows für alle ansässigen Cowboys und Einwohner. Spaß und Show rahmen das Essen ein. Hier im *Lucky Nugget Saloon*, in der kleinen Stadt *Thunder Mesa*, gibt es Westernspezialitäten und Mahlzeiten für die Cowboys mit schmalerem Lohn. Dementsprechend geht es etwas weniger luxuriös zu als drüben im *Silver Spur Steakhouse*. Dafür sorgen aber die Character ab und zu im Saloon für großes Hallo.
Zu finden ist der *Lucky Nugget Saloon* nahe dem *Fort Comstock*, das als Haupteingang zum *Frontierland* dient.

Zu Gast bei Cowboy-Goofy

Ein besonderes Highlight für die Kleinsten ist die Gelegenheit zum „meet the characters" – also einem Essen mit den Disney-Figuren. Hier im Saloon gibt es zur Mittags- und Abendzeit ein Tex-Mex-Büfett, ein ganz besonderes Büfett für die Kinder und dazu die Disney-Figuren im Westernlook, die Autogramme geben, die Kinder begrüßen und für allerlei Spaß sorgen. Auch zur Teatime gibt es ein spezielles Angebot: Cowboy-Goofy und seine Freunde laden ein zum Kuchenbüfett mit Live-Musik.

Eine sehr gute Gelegenheit, den Lieblingsfiguren der Kleinen einmal ganz nahe zu sein. Reservierungen dazu nimmt das Personal des *Lucky Nugget Saloon* entgegen, und auch im eigenen Hotel oder in der *City Hall* in der *Main Street U.S.A.* ist ein Essen reservierbar.
Ein Fotoapparat und etwas Zeit sollten beim Treffen mit den Disney-Figuren im Saloon dann aber vorhanden sein. ∎

Fuente del Oro Restaurante

Snacken auf mexikanisch

Das *Fuente del Oro*, nicht weit entfernt vom Eingang zu *Big Thunder Mountain* gelegen, ist ein weiteres Fastfood-Restaurant im *Frontierland*. Hier hat der mexikanische Einschlag des Wilden Westens ein Zuhause bekommen. Auf der Karte stehen zungenbrechende Spezialitäten wie Quesadillas, also gefüllte Weizentortillas, und weniger komplizierte Sachen wie Chili con Carne. Die Gestaltung erinnert an ein Restaurant, wie man es sich gut an der mexikanischen Grenze der alten Zeiten vorstellen kann. Das *Fuente del Oro* hat, wie viele Restaurants im Park, auch einen Außenbereich mit Tischen und Stühlen, der hier an einen sonnendurchfluteten Innenhof erinnert, ganz umgeben von hellem Gemäuer und durchzogen von vielen Holzbalken. Natürlich lassen sich die Speisen auch im stimmungsvollen, typisch gestalteten Innenbereich genießen. ∎

Cowboy Cookout Barbecue

Essen in der Scheune

Ein Essen im *Cowboy Cookout Barbecue* ist wie ein großes Scheunenfest. Mit Grillhähnchen, Rippchen und Burgern, den dazu passenden Fritten und Softdrinks bietet dieses Fastfood-Restaurant seinen Gästen schnelles Essen, eine urige Atmosphäre und sehr viel Platz. Die Scheune ist vollgestellt mit Tischen und Bänken aus Holz, und auch vor dem großen Gebäude sind zahlreiche Sitzgelegenheiten. Dieses größte Restaurant im *Frontierland* ist sehr rustikal gestaltet – genauso wie sein Essen und die gebotene Unterhaltung. Eine Countryband spielt je nach Wetter mal drinnen, mal draußen zur Unterhaltung der Barbecue-Genießer.
Die Nähe zum Indianer-Spielplatz und zu *Woody's Roundup Village* machen dieses Restaurant zum idealen Familientreffpunkt mit Essen zu relativ günstigen Preisen und jeder Menge Platz für große Gruppen. ∎

Paraden & saisonale Highlights im Disneyland Park

Für jeden etwas

Die auf den vorangegangenen Seiten beschriebenen Attraktionen sind sicherlich ein wichtiger Bestandteil des *Disneyland Park*, aber der gesamte Themenpark bietet noch weitere vielfältige Möglichkeiten, einen unvergesslichen Tag zu verbringen. Gerade nach einer wilden Fahrt auf *Big Thunder Mountain* oder nach einer anstrengenden Kletterpartie durch *La Cabane des Robinson* kann man sich eine kleine Verschnaufpause in einem der Theater des Parks gönnen. Ob es nun zirkusreife Artistik oder eher lustige Unterhaltung für die ganze Familie sein soll: Der *Disneyland Park* bietet für jeden Geschmack das richtige Showprogramm.

Immer etwas Neues

Kinder lieben die Figuren von Walt Disney – nirgendwo wird diese Aussage deutlicher als hier. Spätestens wenn Micky Maus und seine Freunde bei der täglichen Parade in wunderschönen Prunkwagen durch den Park ziehen und freudig in die Menge winken, glänzen alle Kinderaugen. Gerade für die jüngeren Besucher ist eine solche Parade ein einmaliges Erlebnis, für das sie auch bereitwillig auf die eine oder andere Fahrattraktion verzichten.

Der *Disneyland Park* ist immer eine Reise wert – dafür sorgen auch die wechselnden Sonderveranstaltungen, die dort in bestimmten Monaten in das Programm aufgenommen werden. So kann es durchaus sein, dass Sie in der Vorweihnachtszeit ein völlig anderes Bild erwartet als in der warmen Sommersaison. Auch zu Halloween gibt es zahlreiche Specials, durch die ein erneuter Besuch niemals langweilig werden kann.

Das Zusatzangebot finden Sie im Parkplan

Beschränken Sie sich also bei Ihrem Besuch nicht nur auf die reinen Attraktionen, sondern nutzen Sie auch das umfangreiche Rahmenprogramm, das erheblich zur Gesamtatmosphäre beiträgt.

Die Zeiten der jeweiligen Shows, Paraden und Veranstaltungen sowie alle wichtigen Informationen diesbezüglich können Sie dem Parkplan entnehmen, der gleich hinter dem Eingang kostenlos für Sie bereitliegt. ∎

Paraden & saisonale Highlights im Disneyland Park

Paraden

Wundern Sie sich nicht, wenn bei Ihrem Besuch im *Disneyland Park* plötzlich alle Gäste in Richtung Main Street gehen: Dies ist ein sicheres Anzeichen dafür, dass in wenigen Minuten eine der großen Disney-Paraden beginnen wird, von denen es während der Hochsaison täglich gleich mehrere gibt.

Parade mit Duftstoffen

Rechtzeitig zum 15. Geburtstag des *Disneyland Park* feierte die Tagesparade *Disney's Once Upon a Dream Parade* im März 2007 ihre Premiere. Wenn urplötzlich die Musik einsetzt und der erste Wagen mit Micky und Minnie wie aus dem Nichts auftaucht, bedeutet dies, dass die neue Parade gerade angefangen hat. Wie der Name schon andeutet, dreht sich hierbei alles um die zahlreichen Träume, die Walt Disney mit seinen Zeichentrickfilmen in die Realität umgesetzt hat.

Neben den bekannten Prinzessinnen wie Schneewittchen, Cinderella oder Dornröschen gibt es auch zahlreiche „Stars" wie Peter Pan, Alice im Wunderland oder Pinocchio zu bewundern, die allesamt von den insgesamt acht verschiedenen Prunkwagen in die jubelnde Menge winken.

Zahlreiche Tanzgruppen mit phantasievollen Kostümen sorgen während der 20minütigen Parade zusätzlich für glückliche Gesichter, wenn sie auf die Besucher zugehen, um ihnen die Hand zu schütteln.

Aber dies ist nicht der einzige Grund, sich möglichst rechtzeitig einen guten Platz direkt am Paradenweg zu sichern. Die einzelnen Wagen sorgen nämlich mit raffinierten Duftstoffen dafür, dass man wirklich kom-

Links: Halloween-Festival
Unten: Disney's Once Upon a Dream Parade

Paraden & saisonale Highlights im Disneyland Park

Paraden

> **Parkscout-Tipp**
>
> Gerade an vollen Tagen sollten Sie sich allerdings schon 30 Minuten vor dem eigentlichen Beginn einen guten Platz sichern. Da der Weg der Paraden vom äußersten Ende des Fantasyland bis zur Main Street oder umgekehrt verläuft, kann man das Geschehen am besten vom Rundplatz am Schloss beobachten. Alternativ bietet sich auch das Restaurant Walt's in der Main Street dafür an, da man von dort aus auch nicht nur einen wunderschönen Blick auf alles hat, sondern das Ganze auch gemütlich im Sitzen verfolgen kann. Da die meisten Besucher die Paraden an der Main Street oder in der Nähe des Schlosses erwarten, kann man oftmals noch kurz vor Beginn einen guten Platz im Fantasyland in der Nähe der Pizzeria Bella Notte bekommen.

plett in die große Welt der Disney-Filme eintauchen kann – so riecht es zum Beispiel plötzlich überall nach tropischen Früchten, wenn Mogli und Balu aus „Das Dschungelbuch" vorbeiziehen. Der Wagen der Prinzessinnen wird vom Duft frischer Blumen begleitet, während bei Pinocchio der Geruch von Eichenholz in der Luft liegt – lassen Sie sich also beim Fotografieren davon nicht allzu stark ablenken.

Das Geschenk des Lichtes

Wenn am Abend langsam die Sonne untergeht, wird es in der Hauptsaison Zeit für die zweite große Parade: *Fantillusion*, so der zweideutige Name, ist nicht nur eine einfache Parade mit einer Aneinanderreihung von verschiedenen Prunkwagen, sondern erzählt vor allem in drei unterschiedlichen Akten eine ganze Geschichte.

Im ersten Akt erscheint Micky Maus unter einem farbig glitzernden Regenbogen und macht den Besuchern ein einmaliges Geschenk: die Magie des Disney-Lichtes. Plötzlich tauchen von überall her aus der Dunkel-

Unten und rechts: Fantillusion, eine detailreich illuminierte Parade, die von der Magie des Lichtes und typischen Disney-Bösewichten erzählt.

Paraden & saisonale Highlights im Disneyland Park

Paraden

heit die verschiedensten Figuren auf und verwandeln die ganze *Main Street* unter tosendem Beifall des Publikums in ein buntes Lichtermeer. Dieses bleibt natürlich nicht vor den übelsten Schurken des Parks verborgen, und so versuchen die Bösewichte im zweiten Akt, den Besuchern das Licht wieder zu entwenden. Dabei drohen sie auch ihre dunklen, magischen Fähigkeiten einzusetzen. Zu einer höchst dramatischen Musik gelingt es ihnen tatsächlich, mit Hilfe von zahlreichen Geschöpfen der Finsternis, das Licht an sich zu reißen.

Die Hilfe naht!

Im dritten Akt eilen Ihnen dann die bekanntesten Prinzessinnen mitsamt ihrem Hofstaat zu Hilfe und versuchen, mit der Macht der Liebe das Geschenk wieder zurückzugewinnen. Zusammen mit Minnie und den Zuschauern schaffen sie es letztendlich, dass die Bösewichte wieder in der Dunkelheit verschwinden und die Magie des Disney-Lichtes zurückkehrt.

So banal sich diese Geschichte auch anhören mag, so wunderschön ist sie in Szene gesetzt. Insgesamt 1,3 Millionen kleine Glühlampen werden eingesetzt, damit die Parade mit ihren 13 Wagen im Dunkeln auch ihre zauber- und märchenhafte Wirkung erzielen kann.

Verpassen Sie übrigens in der Hauptsaison auch keinesfalls das allabendliche Feuerwerk, das während dieser Monate nach der Parade die Herzen von Jung und Alt erfreut. Bei *Enchanted Fireworks* werden zu den symphonischen Klängen des „Verwünscht"-Soundtracks unzählige Raketen gezündet, die am schwarzen Himmel über dem *Fantasyland* ein glitzerndes Sternendach erzeugen und das Schloss, auf das zusätzlich noch Bilder projiziert werden, in märchenhaftem Glanz erstrahlen lassen. ■

Paraden & saisonale Highlights im Disneyland Park

Saisonale Highlights

Alljährlich gibt es im *Disneyland Park* mehrere Festivals, die sich stets nach der jeweiligen Jahreszeit richten. Im Folgenden möchten wir gerne die beiden wichtigsten und vor allem auch größten dieser „Specials" vorstellen: Das *Halloween-Festival* und die *Christmas Season*.

Die Zeit der Kürbisse

Jedes Jahr im Oktober steht der *Disneyland Park* ganz unter dem Einfluss von Kobolden, Geistern und Hexen, denn dann heißt es dort überall „Trick or Treat". Nachdem in Europa die Tradition von Halloween in den letzten Jahren überall ihren siegreichen Einzug gehalten hat, wird auch in dem Themenpark während des gesamten Monats so manches von Kürbissen beherrscht.

Anstelle der glamourösen Main Street erwartet die Besucher gleich hinter dem Eingang ein überdimensionaler Kürbis, der die Halloween-Opfer schon sehnsüchtig erwartet und zu einem Bummel durch die *spuktakuläre Main Street* einlädt.

Auch das *Frontierland* ist fest in den Händen von Halloween: Seltsame Kürbismänner treiben dort ihr Unwesen und versuchen, alles orange anzumalen, während verschiedene Disney-Bösewichte sich unter die Besucher mischen. Wohin man hier auch schaut: Alles wird von ausgehöhlten Kürbissen und einer ungemein gespenstischen Atmosphäre dominiert. Hier wird jedem Besucher sofort klar: Es gibt kein Entrinnen vor dem schaurig-schönen Gruselspaß.

Höhepunkt dieses Festivals im *Disneyland Park* sind die alljährlichen Halloween-Party-Nächte, bei denen nicht nur auf der *Main Street* und im *Frontierland* kräftig gespukt wird, sondern auch die anderen Teile des Themenparks in die Feierlichkeiten integriert

Paraden & saisonale Highlights im Disneyland Park

Saisonale Highlights

Links: Kürbisgestalten beherrschen weite Teile des Disneyland Park zu Halloween.
Oben: Belles kleines Dörfchen bildet den Rahmen für den bezaubernden Weihnachtsmarkt.

werden. Hier werden unter anderem eine große Party, eine Nachtparade und ein ganz spezielles Halloween-Feuerwerk geboten – aufgrund der hohen Nachfrage für dieses Event ist allerdings eine frühe Vorbuchung erforderlich.

Weihnachten im Disneyland

Kaum haben die Halloween-Gespenster den Park verlassen, beginnt auch schon im November die große Weihnachtssaison im *Disneyland Park*. Vergessen Sie die trübselige Herbststimmung ganz schnell – wenn Sie den Park während dieser Zeit betreten, werden Sie fest davon überzeugt sein, dass Sie mit einer Zeitmaschine einen Sprung zum 24. Dezember gemacht haben.
Auf der festlich dekorierten Main Street ist der Geist der Heiligen Nacht allgegenwärtig. Aus den Geschäften ertönen klassische Weihnachtsmelodien, und Sänger, die vor einem wunderschön geschmückten Tannenbaum gleich hinter dem Eingang stehen, unterhalten die Besucher mit bekannten Weihnachtsliedern aus aller Welt. Sogar Schnee ist im *Disneyland Park* während dieser Zeit kein Thema: in regelmäßigen Abständen schwebt die weiße Pracht plötzlich in der *Main Street* auf die Besucher hinab.

Im *Fantasyland* gleich hinter dem Schloss lädt das Dörfchen aus „Die Schöne und das Biest" zu einem kurzen Bummel über einen Weihnachtsmarkt ein. Hier finden Sie alle möglichen, zum bevorstehenden Fest passenden Artikel, die in den niedlichen Häusern des Dorfes verkauft werden.

Paraden & saisonale Highlights im Disneyland Park

Saisonale Highlights

Der wirkliche Weihnachtszauber aber kommt erst am frühen Abend voll zur Geltung. Wenn sich bei Einbruch der Dunkelheit Micky und seine Freunde auf dem *Central Plaza* versammeln und Tinkerbell plötzlich erscheint, wird das gesamte Dornröschenschloss taktgenau zu einer feierlichen Musik mit Hilfe von unzähligen kleinen Lämpchen „eingefroren" und wirkt mit seinem neuen „Winterkleid" wie der passende Bote des kommenden Weihnachtsfestes.

Diese Zeremonie ist sicherlich einer der Höhepunkte eines jeden Tages während der *Christmas Season* und lässt garantiert keinen Besucher kalt – selbst gestandene Mannsbilder haben sich dort schon eine Träne der Rührung aus dem Auge gewischt. ∎

> ### Parkscout-Tipp
> Der beste Platz, um die Zeremonie zu genießen, ist die Central Plaza gleich vor dem Schloss. Falls Sie vor dem Beginn am anderen Ende der Main Street stehen sollten, benutzen Sie unbedingt eine der beiden Arkaden, um dorthin zu gelangen. Die meisten Besucher werden erfahrungsgemäß versuchen, diesen Platz über die Main Street zu erreichen – so können Sie die strömenden Massen bequem überholen und sich einen guten Platz sichern.

Das „vereiste" Dornröschenschloss

Walt Disney Studios Park

Die Entstehung des Walt Disney Studios Park

Als die Walt Disney Company am 24. März 1984 mit dem französischen Staat den Vertrag über den Bau des *Disneyland Park* schloss, gab es bereits einen langfristigen Plan, der einen Ausbau des gesamten Resorts bis zum Jahre 2017 beinhaltete. Nach diesem Plan, der in Auszügen 1992 in einer offiziellen Pressemitteilung bekannt gegeben wurde, sollte ein weiterer Themenpark eigentlich im Jahre 1995 eröffnet werden: die *Disney MGM Studios Europe*.

Mit einem anvisierten Investitionsvolumen von 750 Millionen Dollar wollte man in Paris einen Schwesterpark der amerikanischen *Disney MGM Studios* errichten, die bereits seit 1989 in Florida die Besucher begeisterten. Dabei sollten nicht nur die beliebtesten Attraktionen dieses Parks übernommen werden, sondern auch gleichzeitig genug Raum für neue Attraktionen ganz speziell für Europa übrig bleiben.

Die Planungen verzögern sich

Durch den verhaltenen Start des *Disneyland Park* musste dieser Plan jedoch auf Eis gelegt werden, und die Errichtung des zweiten Parks wurde zunächst nach hinten geschoben. Da dieser Park allerdings fester Bestandteil der Verträge mit dem französischen Staat war, sollte es nur eine Zeitfrage sein, bis man wieder an diesem Projekt weiterarbeiten würde. Eine Nichterfüllung des Vertrags hätte den Verlust von wichtigen Nutzungsrechten für das riesige Gelände des Resorts bedeutet – ein Risiko, das man unter keinen Umständen eingehen wollte. Nachdem die Anlaufschwierigkeiten des *Disneyland Park* letztendlich beseitigt waren, wurden die Pläne für die *Disney MGM Studios Europe* wieder aus der Schublade geholt. Dabei gab es vor allem drei wichtige Punkte, die es zu realisieren galt: Der zweite Park musste direkt neben dem *Disneyland*

Die Entstehung des Walt Disney Studios Park

Park an der RER-Station liegen, eine Attraktion zur Entstehung von Animationsfilmen sollte unbedingt eingeplant werden und es gab die Auflage, dass der Name des Parks ähnlich dem in Florida zu lauten hatte.

Die Realisierung des Themenparks

Der erste Punkt war kein Problem – gab es doch auf dem anvisierten Gelände Platz genug für einen weiteren Themenpark. Schwieriger gestaltete sich schon die Erfüllung der zweiten Bedingung, da sich die *Disney Animation Studios Paris* aus Kostengründen weigerten, in das Resort umzuziehen. Aus diesem Grunde wurde dann eine Attraktion mit einer interaktiven Ausstellung entworfen.

Was die Namensgebung des Parks anbelangt, gab es auch hier ein kleines Problem. Kurz vorher hatte man in Paris das *Eurodisney* umbenannt in *Disneyland Paris*, weil man inzwischen gemerkt hatte, dass sich das Wort „Euro" in Frankreich und den angrenzenden Ländern nicht allzu großer Beliebtheit erfreute. Aus diesem Grunde schien dann auch das „Europe" im Namen des neuen Themenparks keine sonderlich gute Lösung zu sein. Da sich inzwischen aber auch die *Disney MGM Studios* in Orlando umbenannt hatten, entschied man sich einfach für die klangvolle Bezeichnung *Walt Disney Studios Park*.

Hinter dem Eingang zum Park erwartet den Besucher ein wundervoller Vorplatz.

Die Entstehung des Walt Disney Studios Park

Der Bau kann beginnen

Seit der ursprünglichen Erstellung des Plans hatte sich in der Zwischenzeit einiges getan. So mussten viele Kleinigkeiten geändert werden, was zu einem völlig neuen Entwurf für den Park führte. Auch das vorgesehene Budget von 750 Millionen Dollar wurde kurzerhand auf 600 Millionen Dollar gekürzt, was die beteiligten Imagineers aber keineswegs davon abhielt, ihrer Kreativität völlig freien Lauf zu lassen.

Am 2. November 1999 gab es eine außerordentliche Aktionärsversammlung, die im *Convention Center* des Hotels *New York* stattfand. Dort gab sie ihre endgültige Zustimmung zu den Gesamtplanungen des *Walt Disney Studios Park*, der ganz pünktlich zum zehnjährigen Bestehen des Resort am 12. April 2002 öffnen sollte.

Vorsorglich hatte man aber schon bereits im Oktober 1999 mit den ersten Erdarbeiten auf dem Gelände begonnen – insgesamt fast eintausend Arbeiter und Ingenieure waren nun mit der Errichtung des zweiten Themenparks beschäftigt.

Und während die Besucher des *Disneyland Park* kaum etwas von den Bauarbeiten nebenan mitbekamen, machte eine Erfolgsmeldung nach der anderen die Runde.

Es geht schnell voran

Im Sommer 2000 waren bereits alle Schienen des *Rock 'n' Roller Coaster* verlegt, Ende November wurde der *Catastrophe Canyon* für die *Studio Tram Tour* fertig gestellt, und bereits im September 2001 konnten die Mitarbeiter des *Disney Channel* in den Park umziehen und dort ihrer täglichen Arbeit nachgehen.

Unten: Vor dem Earful Tower
Rechts: Lilo und Stitch vor dem Studio 1

Die Entstehung des Walt Disney Studios Park

Inzwischen war längst klar, dass der ursprüngliche Öffnungstermin nicht nur gehalten werden konnte, sondern sogar eine Vorverlegung möglich war. Am 14. November gab man stolz bekannt, dass der *Walt Disney Studios Park* am 16. März 2002 der Öffentlichkeit vorgestellt werden würde.

Bereits in den Wochen vor der offiziellen Premiere hatte man Gästen aus den eigenen Hotels sowie Mitgliedern von europäischen Fangruppierungen ermöglicht, den Park in einer Preview zu besuchen, um die Angestellten dort möglichst gut auf den bevorstehenden Eröffnungstag vorzubereiten – mit Erfolg!

Die große Premiere

In der Nacht des 15. März 2002 kamen unzählige internationale Filmstars, wichtige Personen aus Politik und Wirtschaft und natürlich jede Menge Pressevertreter, um den großen Einweihungsfeierlichkeiten beizuwohnen und diese Premiere zu einem riesigen Medienereignis zu machen, das in ganz Europa ausgestrahlt wurde.

Seit dem 16. März 2002 sind die „neuen Nachbarn" also eingezogen und erfreuen sich großer Beliebtheit bei allen Besuchern, die in die faszinierende Welt der Filmstudios Hollywoods eintauchen möchten. ∎

Das Eingangsportal

Restaurationen

Restaurant en Coulisse
Salate, Burger und Pizza

Wenn man durch den Haupteingang das Gelände des *Walt Disney Studios Park* betreten hat, steht man gleich mitten auf dem *Front Lot Square* – einem großen Platz, der die Besucher sofort in die Welt des Films und der Stars entführt. Als Blickfang dient dort ein schöner Brunnen, bei dem Micky Maus als Zauberlehrling mehrere magische Besen dirigiert, die mit Wassereimern um ihn herumlaufen.

An den Rändern des Platzes befinden sich mehrere Shops sowie Service-Einrichtungen wie Fundbüro, Erste-Hilfe-Station oder Kinderwagenvermietung.

Der Wasserturm mit Ohren

Auf der linken Seite hinter dem *Walt Disney Studio Store* ragt das Wahrzeichen des Parks 33 Meter hoch in den Himmel: Der *Earful Tower*. Dabei handelt es sich um einen Wasserturm mit zwei großen Micky-Ohren, der abends durch eine akzentuierte Beleuchtung dem Dornröschenschloss des Schwesterparks nebenan in seiner Wirkung durchaus ebenbürtig ist.

Das eigentliche Herzstück des *Front Lot* ist allerdings eine Eingangshalle mit der Bezeichnung *Studio 1*, durch die man die anderen Teile des *Walt Disney Studios Park* erreichen kann. Wenn man das Gebäude durch eine der drei Türen betreten hat, findet man sich plötzlich mitten auf einer Straße im Hollywood der 1950er Jahre wieder. Alles ist dort im Art-déco-Stil gestaltet worden, und überall hängen Neon-Leuchtreklamen, die so typisch für diese Zeit in den USA waren und eine ganz spezielle Atmosphäre schaffen.

Willkommen auf dem Hollywood Boulevard

Links und rechts entlang dem Weg in der Studiohalle stehen Scheinwerfer und Kameras – man hat stets das Gefühl, mitten in die Dreharbeiten für einen Film geraten zu sein. Kein Wunder also, dass dieser Weg stilecht die Bezeichnung *Hollywood Boulevard* trägt.

Dementsprechend findet man hier auch überall stilisierte Fassaden von Restaurants

Das Eingangsportal

oder Clubs, die alle eine eigene Geschichte zu erzählen haben. Das „Brown Derby" war zum Beispiel ein bekanntes Lokal in Hollywood, wo die Stars ständig anzutreffen waren, während der „Hep Cat Club" eine Hommage an die Nachtclubs zur Zeit von Frank Sinatra und Dean Martin ist.

Im *Studio 1* gibt es alle möglichen Formen von „Streetmosphere". Behalten Sie beispielsweise die *Last Chance Gas Station* ein wenig im Auge – eine alte Tankstelle, wie man sie an der Route 66 erwarten würde. Vor genau dieser steht nämlich ein roter Oldtimer aus den USA, der oftmals als Kulisse für Dreharbeiten genutzt wird oder

Oben: Fantasia lässt grüßen.
Unten: Studio 1

Das Eingangsportal

einfach nur als Hintergrundszenerie für diverse Musik-Bands dient.

Die Welt des Films wartet

Das *Studio 1* ist eine wunderbare Einstimmung auf den gesamten Park und das Thema, mit dem er sich beschäftigt.
Wenn die Besucher durch den hinteren Ausgang die Halle verlassen, durch den sie in die anderen Teile des *Walt Disney Studios Park* gelangen, sind sie bestens vorbereitet auf die große Welt des Films und können sich dann ganz in Ruhe dem *Toon Studio*, dem *Production Courtyard* und dem *Backlot* widmen.
Aber alle werden am Ende des Tages wieder in das *Studio 1* zurückkehren, um bei ihrem Abschied dem Hollywood vergangener Tage noch einmal einen Besuch abzustatten. ∎

Glamour und echte „Hollywood"-Atmosphäre spürt man überall im Studio 1.

En Coulisse Restaurant
Hinter den Kulissen

Im *Studio 1* befindet sich das größte Restaurant des ganzen Parks: Das *Restaurant en Coulisse*. Gleich auf der rechten Seite der Halle, hinter den aufwändigen Fassaden des *Hollywood Boulevard*, kann man sich hier in aller Ruhe niederlassen, etwas essen und das emsige Treiben auf insgesamt mehr als 650 Plätzen beobachten.

Dieses Restaurant bietet einen kleinen Blick hinter die Kulissen jenseits von Dreharbeiten und Probeaufnahmen. Da es sozusagen „backstage" liegt, wird hier die Magie eines Sets entzaubert – von dort aus kann man deutlich sehen, dass der schillernde *Hollywood Boulevard* auch nichts anderes ist als eine perfekte Illusion der Filmemacher. Der gesamte Bereich wurde zusätzlich ausgestattet mit zahlreichen Neon-Schildern und Ausstellungsstücken – das Restaurant dient also offensichtlich den Mitgliedern einer Filmcrew zur Entspannung zwischen den einzelnen Aufnahmen.

Live-Musik während des Essens

Übrigens können Sie sich auch an einen der Tische auf dem Balkonbereich im ersten Stock setzen – von hier aus hat man während des Essens einen wunderschönen Blick auf die diversen Musikveranstaltungen, die unter Ihnen auf dem *Hollywood Boulevard* regelmäßig stattfinden.

Hauptsächlich werden im *Restaurant en Coulisse* verschiedene Salate, Burger und Pizza serviert – schließlich hat eine Filmcrew ja während ihrer Pause nicht allzu viel Zeit. Aber auch ein Frühstück wird dort morgens zur Stärkung für den Tag angeboten. ■

Von der Zeichnung in die Realität

Attraktionen

Art of Disney Animation
Hier werden Sie in die Geheimnisse der Zeichentrickwelt eingeführt – von den Anfängen bis zu den modernen Klassikern
Animagique
Ein Schwarzlicht-Musical voller Überraschungen
Crush's Coaster
Tauchen Sie mit Nemo und Crush achterbahnmäßig in die Tiefe des ostaustralischen Stroms
Cars Race Ralley
Nichts wie ran ans Steuer der rasenden Flitzer!
Flying Carpets Over Agrabah
Steigen Sie auf Aladdins fliegenden Teppich

Dieser Bereich des Parks steht ganz im Zeichen von Animationen und Cartoons – also der großen Welt des Zeichentricks mit all ihren Facetten.

Gleich am Eingang finden Sie eine große Bronzestatue von Walt Disney, der dort Hand

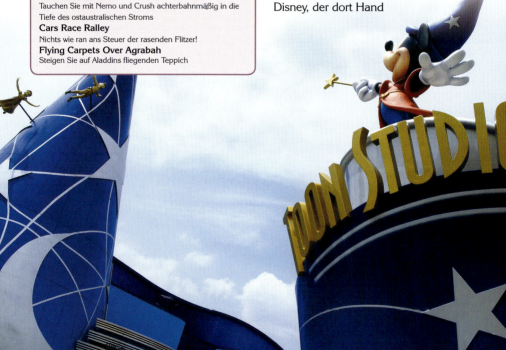

Von der Zeichnung in die Realität

Links: Micky heißt im Toon Studio willkommen.
Oben: Hinein ins Schwarzlicht-Showvergnügen, hinein zu Animagique

in Hand mit seiner wohl berühmtesten Erfindung Micky Maus den Besuchern zuwinkt. Auch der Rest des *Toon Studio* wird von dem beliebten Star mit den großen Ohren dominiert: Pflastersteine mit Mickys Konterfei oder schöne Ornamente im Mäusestil runden das stimmige Gesamtbild ab.

Vor dem Gebäude von *Art of Disney Animation* stehen zwölf verschiedene Bronze-Miniaturen der bekanntesten Trickfilm-Figuren von Disney auf einer Mauer – schauen Sie doch einfach mal, ob Sie alle erkennen.

Ein Foto mit Micky und Minnie

In diesem Parkteil wird die Entstehung eines Zeichentrickfilms praxisnah erklärt, und die Besucher können sogar aktiv mitwirken und ihre eigenen Figuren zum Leben erwecken. Dies ist aber auch der Ort, wo die bekanntesten Disney-Charaktere plötzlich bunte Realität geworden sind und für kleine Kinder einen atemberaubenden Flug auf einem fliegenden Teppich organisiert haben. Im *Toon Studio* hat man außerdem die einzigartige Möglichkeit, Micky und Minnie höchstpersönlich kennen zu lernen und mit den zwei Superstars des *Walt Disney Studios Park* ein gemeinsames Foto an einem echten Filmset zu machen. Wer es wilder mag, darf sich mit Crush in die Tiefen des Ozeans stürzen oder sich mit den Hauptdarstellern aus dem Film „Cars" ein kleines Autorennen liefern.

Kinderaugen staunen

Von einer wahrlich zauberhaften Show bis zu einem perfekten kindgerechten Edutainment findet man hier alle Seiten der Animationskunst würdig vertreten.

Dieser Parkteil des *Walt Disney Studios Park* gehört zum absoluten Pflichtprogramm für jeden Fan des Themas und ist gerade für kleinere Kinder ein willkommener Ort zum Staunen und Erleben. ∎

Art of Disney Animation
Die Kunst der Animation

Die Zeichentrickfilme von Walt Disney stehen seit Anbeginn der Geschichte des modernen Kinos auf der Beliebtheitsliste von Jung und Alt ganz oben. Allerdings macht sich kaum jemand Gedanken darüber, welche riesengroße Arbeit und welche künstlerische Inspiration hinter einem solchen Film stecken muss. Schließlich sind sie ja erst durch den ganz besonderen Zauber, der von ihnen ausgeht, überhaupt zu wirklichen Meilensteilen des Kinos geworden.

Der große Zauberhut

Art of Disney Animation gibt den Besuchern einen tieferen Einblick in die Produktion eines solchen Zeichentrickfilms und ist auch gleichzeitig eine Hommage an die vielen bekannten und unbekannten Künstler, die Figuren wie „Schneewittchen", „Dornröschen" oder „Aladdin" auf die große Leinwand gebracht haben.

Schon von weitem ist das Gebäude dieser Attraktion zu erkennen – steht an der Vorderfront doch ein überdimensionaler blauer Zauberhut, wie ihn Micky Maus in dem Klassiker „Fantasia" als Lehrling der magischen Künste getragen hat. Wenn die Besucher nun eintreten in die Welt der Animation, erwartet sie zunächst ein kleiner Raum, in dem die Historie der bewegten Zeichnungen ausführlich erklärt wird. Von den ersten Höhlenmalereien führt diese Reise über die „Laterna Magica" bis hin zu den wohl bekannten Zeichentrickfilmen.

Ein echter Filmvorführraum

Für wahre Fans des Genres findet man hier auch beispielsweise eine der beiden letzten erhaltenen Multiplan-Kameras, die von Walt Disney in den 30er Jahren des vergangenen Jahrhunderts entworfen wurden und die für den animierten Film eine technische Revo-

Art of Disney Animation

lution bedeuteten. Schauen Sie sich in aller Ruhe in diesem Raum um, bevor Sie das *Disney Classics Theater* dahinter betreten. Hierbei handelt es sich um einen kleinen Vorführraum für 225 Besucher, wie man ihn oft in den größeren Studios in Hollywood finden kann. Dort erwartet Sie ein achtminütiger Film, der die bewegendsten Momente aus unzähligen Disney-Klassikern noch einmal Revue passieren lässt.

Im Anschluss daran sind alle Besucher herzlich eingeladen, sich von einem Zeichner im *Drawn to Animation*-Raum fast alle Details über die Entstehung eines Trickfilms erläutern zu lassen.

Diskussion mit dem Drachen

Als Beispiel für die Kunst der Animation wird hier der kleine Drache Mushu aus dem Film „Mulan" gerufen, der zunächst lautstark daran zweifelt, dass er gar nicht wirklich existiert, sondern nur die Kreation eines Disney-Zeichners ist. Aber irgendwann muss auch er sich den schlagenden Argumenten seiner „Schöpfer" beugen.

Die gesamte Show wird zwar in französischer Sprache präsentiert, aber es gibt für jeden Besucher einen Kopfhörer, auf dem alles simultan in Englisch, Deutsch, Spanisch, Italienisch und Holländisch übersetzt wird – Sie brauchen also keine Angst zu haben, etwas von dem Wortgefecht zwischen den Künstlern und Mushu zu verpassen.
Der kleine Drache wird übrigens (genau wie im Kino) von dem deutschen Komiker Otto Waalkes synchronisiert.

Machen Sie mit!

Zum Abschluss kommen die Besucher noch in einen weiteren Raum, in dem sie ihrer eigenen Phantasie freien Lauf lassen können. Hier gibt es eine *Animation Academy*, wo Ihnen ein Zeichner erklärt, wie Sie eine echte Disney-Figur auf einem Blatt Papier zum Leben erwecken können. Wer sich nicht traut, eigene Entwürfe zu machen, darf auch vorgegebene Szenen kolorieren und so ein wenig Farbe ins Spiel bringen. Etliche Monitore stehen bereit, an denen man in Filmausschnitten beispielsweise der bösen Meereshexe Ursula aus „Arielle, die kleine Meerjungfrau" seine Stimme leiht oder einfach als Ton-Fachmann für die richtigen Geräusche sorgt.

Gerade dieser letzte Raum macht die Faszination von *Art of Disney Animation* aus. Hier kann man problemlos eine längere Zeit verweilen, bis man wirklich alle verschiedenen Möglichkeiten der Zeichentrickfilm-Herstellung ausprobiert hat. ∎

Animagique
Micky und Donald erwachen zum Leben

Treten Sie ein in die große Studiohalle mit der Bezeichnung „3" und erleben Sie eine farbenfrohe, originelle Reise durch die große Welt der animierten Filme von Walt Disney. Im Inneren befindet sich ein riesiges Theater, in dem mehr als eintausend Besucher Platz finden, um sich das kunterbunte Treiben während der rund 20-minütigen Show anzuschauen.

Neue Filme für die Studios

Wie der Name *Animagique* und der Zauberstab im Logo dieser Attraktion bereits andeuten, kann man hier durchaus einige magische Augenblicke erleben. Wenn das Licht im Theater ausgeht und sich der Vorhang öffnet, stehen Micky Maus und Donald Duck auf der Bühne und grübeln in der Disney-Kreativabteilung über neue Entwürfe für Zeichentrickfilme. Während Micky dies scheinbar mühelos gelingt, hat unser gefiederter Freund im Matrosenanzug eher größere Probleme damit.

Am Ende des Arbeitstages sitzt nur noch Donald alleine dort und öffnet mit einem Zauberschlüssel verbotenerweise die Tür zu dem großen Archiv der Studios. Dabei wird er in die Welt der Animation gesogen und findet sich plötzlich selbst in den bekanntesten Filmen von Walt Disney wieder.

Animagique

Leuchtende Farben im Schwarzlicht

Was nun folgt, ist eine lustige und farbenprächtige Schwarzlicht-Show mit schwungvoller Musik, viel Gesang und einigen Überraschungseffekten. Ob Donald nun mit den rosafarbenen Elefanten aus „Dumbo" um die Wette tanzt oder zusammen mit dem „König der Löwen" eines der bekanntesten Lieder des Films zum besten gibt: Zuschauer jeden Alters haben sichtlich ihren Spaß an dieser Augen- und Ohrenweide, die mit einem großartigen Finale mit zahlreichen Disney-Figuren endet. Besonders imposant ist die Szene zu „Arielle, die kleine Meerjungfrau" ausgefallen, bei der nicht nur auf der Bühne so einiges los ist, sondern sogar verschiedene Meeresbewohner über den Köpfen der Besucher im Theatersaal zum Takt der Musik tanzen.

Die Kombination von Live-Charakteren mit Puppen und fluoreszierenden Bühnenelementen, die durch das Schwarzlicht in der Tat eine magische Atmosphäre erzeugen, muss man einfach selbst gesehen haben. Jegliche weitere Beschreibung würde der grandiosen Stimmung von *Animagique* nicht gerecht werden – gehen Sie einfach selbst zusammen mit Donald durch die Zaubertür und lassen Sie die Magie auf sich wirken. ∎

Crush's Coaster
Auf der Suche nach Nemo

Eine beeindruckende Mischung aus Themenfahrt und Dunkelachterbahn erwartet Sie bei *Crush's Coaster*, der dem gleichermaßen beliebten wie erfolgreichen Disney-Pixar-Film „Findet Nemo" gewidmet ist.

Die Reise beginnt in einem kleinen Hafen, an dem sich natürlich auch die bekannten Möwen aus dem Blockbuster eingefunden haben und die Gäste gleich mit ihrem typisch hysterischen „Meins! Meins!" auf das kommende Abenteuer einstimmen.

Kaum hat man auf dem Rücken der namensgebenden Schildkröte Crush Platz genommen, geht es auch schon los. Vorbei an Unterwasserszenen, bei denen man unter anderem Clownfisch Marlin und seine Begleitung Dory trifft oder sich von gefährlichen Quallen umgeben sieht, werden die einzelnen Wagen anschließend im Inneren eines U-Bootes in die Höhe

> **Parkscout-Tipp**
>
> Crush's Coaster ist eine der beliebtesten Attraktionen des ganzen Parks. Da hier oft mit langen Wartezeiten zu rechnen ist, sollten Sie Nemo und seinen Freunden unbedingt gleich sofort nach der morgendlichen Eröffnung einen Besuch abstatten.

Crush's Coaster

gezogen, als links plötzlich bedrohliche Schatten zu sehen sind. Wenn völlig unerwartet auch noch Hai Bruce aus einem Bullauge hervorschnellt, nehmen die Wagen deutlich an Tempo zu, um dem Angriff zu entgehen.

Mitten im ostaustralischen Strom

Endlich oben angekommen, können Sie gerade noch erkennen, wie Marlin in einen Wasserstrudel gesogen wird: Die Reise durch den ostaustralischen Strom kann beginnen.

Die einzigen Lichtquellen in der großen Halle, durch welche die Besucher nun donnern, sind projezierte Wasserblasen, so dass man schon nach wenigen Sekunden Schwierigkeiten hat, die Orientierung zu behalten. Erschwert wird dies noch zusätzlich dadurch, dass sich die einzelnen Wagen um die eigene Achse drehen. Um die turbulente Reise nach Australien also antreten zu können, sollte man schon einigermaßen schwindelfrei sein. ∎

Filmtipp

Mit einem weltweiten Einspielergebnis von mehr als 850 Millionen US-Dollar ist „Findet Nemo" einer der 15 erfolgreichsten Filme aller Zeiten. Auch in Deutschland gehört die rührende Geschichte um Clownfisch Marlin auf der Suche nach seinem verlorenen Sohn Nemo mit fast 9 Millionen Besuchern zu den größten Hits der Filmgeschichte.

Cars Race Ralley
Gib Gas, Lightning McQueen!

Besuchen Sie doch einfach einmal das kleine Örtchen Radiator Springs direkt an der berühmten Route 66 und treffen Sie dort die aus dem Disney-Pixar-Film „Cars" bekannten Autos Lightning McQueen, Doc Hudson oder Sally und Hook.

Hier dürfen kleine und große Rennfahrer in einen schnittigen Sportwagen steigen, um bei der alljährlichen Race Ralley den ersten Platz zu erreichen. Zu einer schmissigen Westernmusik fahren und drehen sich die einzelnen Autos wie von Geisterhand über die Strecke, während Lightning McQueen von außen Tipps gibt, wie man am besten die Pole Position erreichen kann.

Obwohl man nicht selbst in das Geschehen eingreifen kann, macht das Rennen trotzdem mächtig Spaß, was vor allem an den zahlreichen „Beinahe-Kollisionen" der einzelnen Autos liegt.

Cars Race Ralley richtet sich zwar in erster Linie an die jüngeren Besucher des *Walt Disney Studios Park*, aber auch viele erwachsene Gäste haben ihre Freude an Radiator Springs, was nicht zuletzt auch an der detaillierten und liebevoll gestalteten Optik der Attraktion liegt. ■

> **Parkscout-Tipp**
>
> Die beiden schrulligen Mechaniker-Autos Guido und Luigi, die viele Kinobesucher in ihr Herz geschlossen haben, finden Sie als Photo Point gleich rechts neben dem Eingang.

Flying Carpets Over Agrabah
Immer auf dem Teppich bleiben

Steigen Sie wie im Disney-Klassiker „Aladdin" von 1992 auf einen fliegenden Teppich und machen Sie eine kleine Reise über die prächtige Stadtkulisse von Agrabah. Dieses Rundfahrgeschäft für Kinder erinnert sofort an die Attraktionen *Dumbo the Flying Elephant* und *Orbitron*, die man in dem anderen Park des Resorts finden kann.

Allerdings können bei *Flying Carpets Over Agrabah* nicht nur zwei, sondern gleich vier Personen auf einem der Teppiche Platz nehmen und in die Lüfte steigen. Dadurch gibt es auch eine kleine Besonderheit, die diese Attraktion von den anderen beiden Karussells unterscheidet: Hier kann nicht nur die Auf- und Abwärtsbewegung des Teppichs kontrolliert werden – auch auf den hinteren Sitzen hat man die Möglichkeit, das Flugverhalten zu beeinflussen. Dort kann nämlich mit einem Hebel der gesamte Teppich leicht nach vorne oder hinten gekippt werden.

Alles dreht sich um die Wunderlampe

Flying Carpets Over Agrabah ist ein optischer Leckerbissen, der durch seine bunten Farben und phantasievolle Gestaltung sofort ins Auge fällt. Die reich dekorierten Teppiche kreisen um eine goldene Säule, auf der die berühmte Wunderlampe von Aladdin thront. Selbstverständlich kann man hier auch die aus dem Film bekannten Figuren wie beispielsweise den blaufarbenen Dschinni oder den kleinen Affen Abu antreffen. ∎

Live und in Farbe

Attraktionen

CinéMagique
Verfolgen Sie die besten Szenen der Filmgeschichte und erleben Sie, wie ein Fan plötzlich Teil der Handlung wird
Studio Tram Tour: Behind the Magic
Eine faszinierende Tour durch Filmkulissen mitten hinein in den Catastrophe Canyon, wo ein Filmdreh außer Kontrolle gerät
The Twilight Zone Tower of Terror
Bereit für den Sprung in die 4. Dimension? Nur Mut!
Stitch Live!
Stitch plaudert, feixt und lacht mit Ihnen in Echtzeit

Restaurationen

Rendez-Vous des Stars
Büffett mit internationaler Küche

Wenn Sie das *Studio 1* verlassen, blicken Sie gleich auf eine Prachtstraße im Art-déco-Stil, hinter der ein gewaltiges Hotel unheilvoll in den Himmel ragt. Der Legende nach sind hier mehrere Personen in einer dunklen Nacht bei einem Blitzeinschlag in eine andere Dimension katapultiert worden. Begeben Sie sich einfach in die Hände der finster dreinschauenden Hotelpagen und machen Sie sich auf die Suche nach den Vermissten. Doch Vorsicht: Der Hotelaufzug besitzt ein seltsames Eigenleben!
Hinter dem Boulevard finden Sie auch den Eingang zu einer Zug-Rundfahrt, bei der man einen kleinen Blick in die Trickkiste der beeindruckenden Filmsets von Hollywoods großen Studios riskieren kann. Gleich links neben der großen Bronzestatue von Walt Disney und Micky Maus am Eingang zum *Production Courtyard* kann man bei einer aufregenden Show in die Welt der Filmgeschichte eintauchen oder mit dem kleinen Außerirdischen Stitch in Kontakt treten.

Der Platz der Stars

Am *Place des Stars* erwartet die Besucher eine große Ansammlung von signierten Handabdrücken auf Zementsteinen, die in den Boden des Platzes eingelassen wurden. Dabei handelt es sich ausnahmslos um die Abdrücke von diversen Superstars aus Europa und Übersee, die während der Premiere des neuen *Walt Disney Studios Park* am 16. März 2002 die Eröffnung des zweiten großen Themenparks in *Disneyland Resort Paris* besucht hatten.
Hohe Metallmasten mit riesigen Scheinwerfern stehen überall am Wegrand und dienen als Halterung für verschiedene Filmplakate. Und damit Sie nicht nur Zaungast in Hollywood sind, gibt es gerade in diesem Bereich des Parks häufig alle möglichen Formen von „Streetmosphere" – seien Sie also gewapp-

Live und in Farbe

net, dass Sie dort auch als Statist für den nächsten großen Blockbuster angeworben werden könnten und lächeln Sie gekonnt in die Filmkameras.

Der *Production Courtyard* ist der richtige Ort für alle, die sich ein wenig für die Hintergründe bei Filmproduktionen interessieren, und bietet genau die richtige Mischung zwischen bunter Unterhaltung und interessanten Informationen. ■

Unten: Der Weg führt zur Studio Tram Tour.
Oben: Man erwartet Sie im Hollywood Tower Hotel.

CinéMagique
Die multimediale Kino-Show

Dass die ganze Welt gegen Ende des 20. Jahrhunderts „100 Jahre Film" feiern konnte, verdankt sie letztendlich den Franzosen, denn hier wurden die Grundsteine für die heutige Kinokultur gelegt. Hätten damals nicht Visionäre wie der große Filmpionier Georges Méliès oder die Brüder Lumière an die rosige Zukunft der „Kinematographie" geglaubt, wäre das heutige Hollywood wohl ein unbedeutendes Fleckchen Erde irgendwo in den Vereinigten Staaten geblieben. Mit *CinéMagique* bringt Walt Disney die Geschichte des Kinos wieder dorthin zurück, wo sie vor über hundert Jahren begonnen hat: nach Frankreich.

Filmtipp

„CineMagique" beginnt nicht umsonst mit Szenen aus der frühen Filmgeschichte. Gerade die damaligen Komödien mit Weltstars wie Stan Laurel, Oliver Hardy, Charles Chaplin oder Harold Lloyd sind auch heute noch dem Brachialhumor vieler aktueller Produktionen qualitativ haushoch überlegen und erscheinen immer häufiger auf DVD.

Hier ist man sprachlos!

Wenn man das große Gebäude der Attraktion betritt, befindet man sich plötzlich in einem riesigen, altmodisch anmutenden Kinosaal. Nachdem man auf den bequemen Sitzen Platz genommen hat, wird es langsam dunkel und auf der großen Leinwand hinter der Bühne beginnt ein Film. Wundern Sie sich nicht darüber, dass das Bild nicht farbig ist und Sie keinen Ton hören – bei einem Überblick über 100 Jahre Kino gehören die immer noch durchaus sehenswerten Stummfilme des frühen 20. Jahrhunderts mit dazu.

Bis man auch heutige Blockbuster auf der Leinwand zu sehen bekommt, vergeht schon eine ganze Weile, in der *CinéMagique* im Minutentakt noch einmal die schönsten Szenen aus vergangenen Filmklassikern Revue passieren lässt. Längst vergessen geglaubte Bilder werden Ihnen mit Sicherheit wieder ins Gedächtnis gerufen werden. Kennen Sie noch die berühmte

CinéMagique

Szene aus der 1923 entstandenen Komödie „Ausgerechnet Wolkenkratzer", in der Harold Lloyd mit dem Zifferblatt einer Uhr in luftiger Höhe zu kämpfen hat? Erinnern Sie sich an die grimmigen Gesichter von Henry Fonda und Charles Bronson in „Spiel mir das Lied vom Tod" oder denken Sie manchmal zurück an die akrobatischen Einlagen von Harrison Ford und Carrie Fisher in „Krieg der Sterne"? All diese Beispiele sind unvergessliche Momente in der Geschichte des Films – und Sie können sicher sein, dass dies noch längst nicht alle waren.

Das Handy war sein Schicksal

Was während der rund 25-minütigen Show sonst noch so alles passiert, lässt sich nur sehr schwer beschreiben, wenn man nicht den Clou der ganzen Geschichte vorwegnehmen möchte. Formulieren wir es einfach so: Im weiteren Verlauf wird hier eindrucksvoll gezeigt, was mit Menschen passieren kann, die einfach nicht akzeptieren wollen, dass Handys vor Beginn der Vorstellung ausgeschaltet werden müssen. Dass dabei die Grenzen zwischen Realität und Fiktion sprichwörtlich durchbrochen werden, gehört wie immer zur ganz besonderen Magie eines Walt Disney.

Die gelungene Kombination von Live-Theater, eindrucksvollen Special Effects und klassischer Filmvorführung auf einer Kinoleinwand ist nicht nur originell und technisch hervorragend in Szene gesetzt, sondern auch (und vor allem) ein Riesenspaß für die ganze Familie. ∎

Studio Tram Tour: Behind the Magic
Ein Blick hinter die Kulissen

Bei der jährlichen Oscar-Verleihung werden nicht nur die besten Schauspieler, Regisseure und Filme ausgezeichnet, sondern auch viele andere Bereiche einer großen Filmproduktion bekommen die Beachtung, die sie zweifelsohne verdienen. Was wäre beispielsweise ein „Ben Hur" ohne die unglaublich große Menge an aufwändigen Kostümen gewesen, und hätte ein „Pearl Harbour" wirklich so einen durchschlagenden Erfolg an den Kinokassen gehabt, wenn es dabei nicht die großartige Ausstattung gegeben hätte? Während der *Studio Tram Tour* kann der Besucher einen Blick hinter die Kulissen von Kostümschneiderei, Requisiten und riesigen Außenaufbauten werfen.

Dabei fängt die Tour noch relativ unspektakulär an und führt Sie vorbei an diversen Requisiten und Kulissen aus den unterschiedlichsten Filmen. Spätestens aber, wenn sich der Zug einer riesigen Stahlkonstruktion nähert, wird aus der bisher eher gemütlichen Rundfahrt ein beeindruckender Actiontrip. Während in dem hinteren Wagen noch neugierig geschaut wird, sieht man im vorderen Bereich des Zuges bereits, was sich dahinter verbirgt: Der exakte Nachbau eines felsigen Hanges mitten in einem Canyon, wo gerade Ölbohrungen stattfinden und ein großer Tanklastzug darauf wartet, seine flüssige Ladung aufzunehmen.

Eine Katastrophe kommt selten allein

Natürlich würde der *Catastrophe Canyon*, so der Name dieser Szene, nicht so heißen, wenn dort alles friedlich verlaufen würde. Ein plötzlich auftretendes Erdbeben sorgt dafür, dass dort kein Stein auf dem anderen bleibt. Die Öltanks explodieren, der Tank-

Studio Tram Tour: Behind the Magic

lastzug kippt immer mehr den Hang hinunter und eine riesige Flutwelle von über 250.000 Litern Wasser rollt unaufhaltsam auf die Besucher zu. Noch realistischer kann man die Möglichkeiten von Filmstudios kaum demonstrieren.

Nach der ganzen Aufregung gibt es als Verschnaufpause dann zunächst einmal weitere Exponate aus verschiedenen Filmklassikern zu sehen: Flugzeuge aus „Pearl Harbour", Kostüme aus „101 Dalmatiner" oder eine Außenkulisse von „Dinotopia" sind nur Beispiele für die große Themenvielfalt, die hier präsentiert wird. Selbst eine kurze Fahrt vorbei an den Aussichtsfenstern der studioeigenen Schneiderei steht auf dem Programm, bevor der Zug durch eine Kulisse der völlig zerstörten Innenstadt von London fährt. Dabei werden die Besucher plötzlich von bösen Drachen attackiert, die sich wie im Film „Die Herrschaft des Feuers" dort in Schächten eingenistet haben und große Feuerbälle auf den Zug schleudern. Die *Studio Tram Tour* richtet sich nicht nur an eingefleischte Cineasten, sondern ist aufgrund der gelungenen Mischung aus Action und Hintergrundwissen eigentlich für jeden ein Muss, der sich auch nur ansatzweise für Filme interessiert. ∎

Parkscout-Tipp

Im Catastrophe Canyon kann es sein, dass Personen, die am linken Rand der einzelnen Wagen sitzen, etwas nass werden. Falls Sie also vorhaben, dort Fotos zu machen, sollten Sie darauf achten, Ihre Kamera rechtzeitig vor dem Spritzwasser zu schützen oder gleich beim Einstieg einen Platz in der Mitte zu nehmen.

The Twilight Zone Tower of Terror
Fall in die vierte Dimension

Als Basis für den *Tower of Terror* dient die Kult-Fernsehserie „The Twilight Zone" aus den 1950er Jahren, die in abgeschlossenen 25minütigen Episoden Mystery- und Science-Fiction-Elemente in die Wohnzimmer der Zuschauer brachte.

Eine fiktive Folge dieser Reihe beschäftigt sich mit dem seltsamen Verschwinden mehrerer Gäste des gigantischen „Hollywood Tower Hotels" während eines Blitzeinschlags im Jahre 1939. Die Besucher dürfen nun im *Walt Disney Studios Park* in die Fußstapfen jener armen Seelen treten, die damals während einer Aufzugfahrt in die Twilight Zone katapultiert wurden.

Zu diesem Zwecke betritt man das fast 60 Meter hohe Gebäude durch eine verlassene Hotel-Lobby, die mit zeitgenössischer Musik beschallt wird und trotz der überall vorhandenen Spinnweben und dicken Staubschichten den Glanz früherer Tage erkennen lässt.

Hinein in die Twilight Zone

Nach einem kurzen Aufenthalt in einem Bibliothekszimmer geht es anschließend in den Heizungskeller des Hotels, wo man mit Hilfe der Personalaufzüge das Rätsel um die verschwundenen Hotelgäste lösen soll. Kurioserweise befinden sich in diesem Aufzug 21 Sitzplätze mit einem Sicherheitsgurt, den man schnell über die Taille schnallen sollte. Und während man sich noch über das seltsame Grinsen der Liftboys wundert, schließen sich schon die Türen und die Reise in die Twilight Zone beginnt.

Der Aufzug befördert die Besucher nun in eine erste Etage, in der man seinem Spiegelbild gegenüber steht. Plötzlich rumpelt es, die Personen im Spiegel verschwinden und werden zu schemenhaften Geistergestalten. Mit einem Knarzen geht es ein paar Stockwerke höher, wo man plötzlich die 1939 ver-

The Twilight Zone Tower of Terror

schwundenen Hotelgäste sieht. Der Raum wird von Blitzen durchzuckt, und in der nächsten Sekunde schaut man in ein nahezu unendliches Sternenfeld. Viel Zeit, dieses zu beobachten, bleibt jedoch nicht, denn mit einem kurzen Ruck fällt der gesamte Aufzug schlagartig in die Tiefe.

Beim *Tower of Terror* stimmt einfach alles! Die gewaltige Außenfassade, der liebevoll gestaltete Innenbereich, die schauspielerischen Leistungen der Hotelpagen und die eigentliche Fahrt gehören schlichtweg zum Besten, was das gesamte *Disneyland Resort Paris* zu bieten hat. Und auch wenn die Reise in die Twilight Zone nichts für schwache Nerven ist, sollten Sie einen Besuch des *Tower of Terror* unter keinen Umständen verpassen. ∎

Stitch Live!
Treffen mit Stitch

Eine ganz besondere Form von „Disney-Magie" findet man in der Attraktion *Stitch Live!*, bei der die Besucher mit dem beliebten blauen „Experiment 626", besser bekannt unter dem Namen „Stitch", in einer rund fünfzehnminütigen Show interagieren können. Dies geschieht mit Hilfe einer Echtzeit-Animation auf einem riesigen Bildschirm, dank dem die Gäste des *Walt Disney Studios Park* mit dem vorlauten Helden des 2002 entstandenen Zeichentrickfilms „Lilo & Stitch" in seinem Raumschiff kommunizieren können.

Gerade für kleinere Kinder, die vor Beginn der Hauptshow extra nach vorne direkt vor den Bildschirm gebeten werden, um besser mit Stitch sprechen zu können, ist diese Form der Interaktion natürlich ein Riesenspaß. Spätestens wenn Stitch ein Foto der Gäste macht und dieses dann nur eine Sekunde später auf dem Screen zu sehen ist, wird deutlich, mit welcher technischen Raffinesse diese Attraktion realisiert wurde.

Und auch wenn Stitch dann im Laufe der Show vor den sich nähernden Angreifern, die ihn fangen wollen, in den dunklen Weltraum flieht, kann man doch gleich nach der Show wieder mit ihm in Kontakt treten, wenn man sich noch einmal für diese bemerkenswerte Show anstellt. ∎

Parkscout-Tipp

Auch wenn die Show nur in englischer und französischer Sprache stattfindet, besteht doch keine wirkliche Sprachbarriere, da die Handlung leicht nachvollziehbar ist und die Interaktionen mit Stitch auch ohne Worte gut funktionieren.

Rendez-Vous des Stars €€

Das Restaurant der Stars

Selbstverständlich speisen die meisten Superstars und die wichtigsten Produzenten von Hollywood nur in ganz speziellen Örtlichkeiten – eine solche können Sie auch im *Production Courtyard* finden. Das *Rendez-Vous des Stars* bietet mit seinem einzigartigen Art-déco-Stil ein nobles und zugleich freundliches Ambiente, um eine kleine Essenspause im *Walt Disney Studios Park* einzulegen.

Ein „Oscar" zum Essen

An den Wänden des über 300 Plätze fassenden Restaurants kann man alte, leicht vergilbte Fotos von Superstars der vergangenen Zeiten sehen, die meistens während der Dreharbeiten zu ihren größten Leinwanderfolgen aufgenommen wurden. Auch die diversen Filmpreise, die dort überall ausgestellt sind (unter anderem auch ein „Oscar"), machen den Gästen jederzeit deutlich, dass sich hier alles um das Thema „Schauspieler und Produzenten" dreht. Das *Rendez-Vous des Stars* verfügt über ein großes Büfett, bei dem als Spezialität unter anderem gegrillter Lachs, Lasagne oder ein vorzüglicher „Caesar's Salad" angeboten werden.

Seit 2008 gibt es übrigens einen neuen Chefkoch, der sich mehrmals täglich die Ehre gibt: Die zauberhafte Ratte Remy aus dem Disney-Pixar-Hit „Ratatouille" sorgt nun für die kulinarischen Hochgenüsse.

Und alleine der Anblick des „kleinen Kochs", der unter einer Silberhaube auf einem Servierwagen zum Vorschein kommt, ist schon ein Grund, diesem Restaurant einen Besuch abzustatten. ■

Non-Stop Action

Attraktionen

Rock 'n' Roller Coaster Starring Aerosmith
Erleben Sie eine Achterbahnfahrt zu heißen Rockrhythmen
Moteurs... Action! Stunt Show Spectacular
Dreharbeiten mit halsbrecherischen Stunts auf zwei und vier Rädern
Armageddon Special Effects
Nebendarsteller für eine neue Szene im Blockbuster Armageddon gesucht

Restaurationen

Backlot Express Restaurant
Sandwiches, Pizza und Salate
Café des Cascadeurs
Hot Dogs, Sandwichs, Salate

Wenn Sie dem *Backlot* im *Walt Disney Studios Park* einen Besuch abstatten, werden Sie sofort zu Beginn merken, dass in diesem Themenbereich die „Action" zu Hause ist. Gleich auf der rechten Seite befindet sich dort sozusagen als Symbol dafür ein Armadillo, eines jener seltsamen Weltraumfahrzeuge aus dem Film „Armageddon", das den actionhungrigen Besuchern gleich den richtigen Weg weist zu den Attraktionen mit dem ganz besonderen Adrenalinkick.

Hier kann man sich als Raumfahrt-erprobter Kosmonaut den Gefahren des Weltalls aussetzen, sich als echter „Rock 'n' Roller" während einer Begegnung mit der Musikgruppe

Non-Stop Action

„Aerosmith" in einen multimedialen Rausch versetzen lassen oder Stuntleuten bei der gefährlichen, täglichen Arbeit zuschauen. Wofür der Besucher sich auch immer entscheiden mag: Die einzelnen Attraktionen versprechen auf jeden Fall eine gehörige Portion Nervenkitzel und jede Menge Spaß und Spannung.

Kleine Gimmicks

Es sind aber nicht nur diese großen Publikumsmagnete, die den Reiz des *Backlot* ausmachen – dort gibt es auch zahlreiche Kleinigkeiten, die man erst auf den zweiten Blick erkennt.

Gleich neben dem *Backlot Express Restaurant* findet sich zum Beispiel ein nettes Gimmick, das sich besonders an heißen Tagen großer Beliebtheit erfreut und oft als Foto-Point genutzt wird. Halten Sie doch einfach mal Ausschau nach einem kleinen Geschäft – an dessen Ecke regnet es nämlich das ganze Jahr über. Selbstverständlich gibt es hier aber einen großen, schwarzen Regenschirm, damit niemand ernsthaft nass werden muss.

Vom Winde verweht

Ein weiteres Gimmick befindet sich häufig in der Nähe des *Café des Cascadeurs*, wo eine riesige Windmaschine den Besuchern eindrucksvoll demonstriert, wie selbst an Tagen, an denen normalerweise kein Lüftchen weht, auf dem Gelände des *Walt Disney Studios Park* plötzlich ein kleiner Sturm ausbrechen kann.

Insgesamt gesehen ist das *Backlot* sicherlich der Themenbereich im Park, in dem Liebhaber von Thrill am ehesten auf ihre Kosten kommen werden, da hier ganz klar die Betonung auf spannungsgeladene Action gelegt wurde. ■

Links: Der Armadillo aus Armageddon
Oben: Blick auf Armageddon und die Stuntshow
Unten: Requisiten und Kulissen bestimmen das Backlot.

Rock 'n' Roller Coaster Starring Aerosmith
Zum Abschuss bereit

Zum Gesamtthema „Film", das man natürlich im *Walt Disney Studios Park* überall finden kann, gehören nicht nur bekannte Hollywood-Streifen, sondern unter anderem auch Musikfilme und Konzertmitschnitte. So ist es nicht weiter verwunderlich, dass auch dieser Bereich zum Thema einer außergewöhnlichen Attraktion gemacht wurde.

Rock 'n' Roller Coaster ist natürlich ein kleines Wortspiel, das sich zusammensetzt aus den Begriffen „Rock 'n' Roll" und „Roller Coaster" – was den Besucher also im Inneren der großen Halle erwartet, dürfte eigentlich schon im Vorfeld klar sein. Das gesamte Gebäude ist Heimat des „Tour-de-Force-Studios", wo gerade die bekannte Musikgruppe „Aerosmith" wegen ein paar Tonaufnahmen zu Besuch ist – ein großer, gelber Tourbus mit dem unverwechselbaren Logo der Band parkt direkt vor der bunten Fassade des Studios.

Bühne frei für Steven Tyler

Der Wartebereich im Inneren des Gebäudes ist auch gleichzeitig eine Art „Museum für Popmusik". Hier findet man nicht nur von diversen Künstlern handsignierte Gitarren, auch Goldene Schallplatten und Tour-Poster

Rock 'n' Roller Coaster Starring Aerosmith

werden dort hinter Glas ausgestellt – ein absolutes „El Dorado" für alle Musikkenner und -liebhaber.

In einem kleinen Aufnahmeraum warten anschließend schon die Musiker auf die Besucher, damit die Show endlich losgehen kann. Plötzlich erscheint Steven Tyler, der Leadsänger von Aerosmith (und Vater der Schauspielerin Liv Tyler) im Studio und erklärt seiner verdutzten Band und den Besuchern im Raum die Vorzüge einer Achterbahnfahrt. Kaum erklingen die ersten Töne des Aerosmith-Klassikers „Love in an Elevator", öffnen sich auch schon die Türen zum nächsten Raum.

Parkscout-Tipp

Wenn Sie einmal den Einstiegsbereich der Achterbahn betreten haben, dürfen Sie nicht nur Dinge wie Kameras oder Rucksäcke mitnehmen – Sie müssen es sogar! Achten Sie also unbedingt vor dem Anstellen in der Warteschlange darauf, dass Sie nur die notwendigsten Dinge mitnehmen.

Der gesamte Einstiegsbereich dieser Dunkelachterbahn wirkt wie ein riesiges Backstage-Studio – überall stehen Mischpulte, Lautsprechersäulen und Monitore herum. Von hier aus kann man auch sehr gut beobachten, was den *Rock 'n' Roller Coaster* so außergewöhnlich macht: Die einzelnen Züge werden ähnlich wie bei *Space Mountain* durch einen kleinen Tunnel in eine große Halle geschossen.

Eine weitere Überraschung erwartet den Besucher, wenn er in den komfortablen Wagen Platz genommen hat. Jeder Zug hat nämlich ein Soundsystem an Bord, das für die musikalische Untermalung der Fahrt sorgt.

Rock me, Baby!

Nach dem Abschuss rast man durch eine dunkle Halle, die nur von Lasern und verschiedensten Lichttraversen beleuchtet wird, und die durch dichten Nebel wie eine überdimensionierte Großraumdiskothek wirkt. Dabei laufen alle Effekte in dieser Halle absolut synchron zu den Musikstücken von Aerosmith, die während der Fahrt aus den Lautsprechern der Wagen dröhnen. Keine Frage – hier wird Rock 'n' Roll zum multime-

dialen Erlebnis mit Looping und High-Speed. Dass jeder der fünf Züge der Achterbahn einen jeweils unterschiedlichen Aerosmith-Song und eine jeweils unterschiedliche Licht-Show in der Halle bietet, dürfte genug zusätzliche Motivation sein, dem *Rock 'n' Roller Coaster* gleich mehrere Besuche abzustatten.

Und da diese Attraktion mit dem Fastpass-System ausgestattet ist, dürfte es bis zu Ihrer nächsten Fahrt nicht allzu lange dauern. ■

Moteurs... Action! Stunt Show Spectacular

Die Stunde der Kaskadeure

Die für eine große Filmproduktion wichtigsten Personen vor der Kamera sind natürlich neben den Schauspielern die Stuntmen, die immer dann für die Stars einspringen, wenn es gefährlich wird. Selbst ein durchtrainierter Arnold Schwarzenegger muss alleine schon aus versicherungstechnischen Gründen die Filmbühne verlassen, wenn es wirklich um Leben und Tod geht. Dass auf der Kinoleinwand natürlich nicht zu sehen ist, dass in vielen atemberaubenden Action-Sequenzen die Stuntmen die Rollen der Darsteller übernommen haben, ist eine weitere große Illusion der Traumfabrik Hollywood.

Live-Aufnahmen mit Zuschauern für einen Kurzfilm

Moteurs... Action! entführt die Besucher in ein halsbrecherisches Abenteuer rund um schnelle Autos und Motorräder. Während dieser rund 45 Minuten dauernden Stunt-Show kann man aus kurzer Entfernung live miterleben, wie ein kleiner Film zur Demonstration des Könnens der Kaskadeure gedreht wird. In der simplen, aber zweckmäßigen Story geht es um einen Agenten, der von allen möglichen finsteren Gesellen in Autos oder auf Motorrädern gejagt wird und seinen Verfolgern trotzdem immer wieder publikumswirksam entkommen kann.

Moteurs... Action! Stunt Show Spectacular

Da die Arena, in der diese Show stattfindet, riesige Ausmaße hat, gibt es zur besseren Übersicht in der Mitte der Bühne eine gigantische Leinwand, auf der man ständig detaillierte Großaufnahmen des Geschehens während der Dreharbeiten bewundern kann. Hier wird auch am Ende der komplett geschnittene Kurzfilm vorgeführt.

Vor dem eigentlichen Beginn von Moteurs... Action! gibt es aber noch ein kleines Casting, bei dem einige Besucher vom Moderator ausgewählt werden, um zu einem späteren Zeitpunkt in einer bestimmten Szene als Statisten aufzutauchen. Bei dem endgültigen Film kann man dann diese Zuschauer deutlich durch das Bild laufen sehen, was den Live-Charakter der Show noch einmal eindrucksvoll unterstreicht.

Auch „Herbie" mischt mit

Ansonsten wird hier alles geboten, was das Action-Herz erfreut. Motorräder schleudern in atemberaubender Geschwindigkeit über die Bühne, etliche Autos jagen perfekt choreographiert an den Zuschauern vorbei, und sogar „Herbie", der bekannte blecherne Held aus „Ein toller Käfer", hat einen kleinen Kurzauftritt. Dies alles wird präsentiert in einzelnen Szenen, die von dem Moderator der Show ausführlich erklärt werden und die auch alle in dem Clip am Ende von Moteurs... Action! eingefügt sind.

Dank der kurzweiligen Mischung aus sensationellen Stunts und dem Vermitteln von Hintergrundwissen über die Arbeit von Kaskadeuren vergeht die Zeit bis zum explosiven Finale wie im Flug. Man muss an dieser Stelle ganz klar sagen, dass es in Europa kaum eine vergleichbare Stuntshow dieses Kalibers gibt, und dass Moteurs... Action! eindeutig zu den absoluten Highlights des Walt Disney Studios Park gehört, das auf keinen Fall verpasst werden sollte. ■

Armageddon Special Effects
Feuer frei!

Obwohl heutzutage in sehr vielen Filmen mit digitalen Spezialeffekten gearbeitet wird, gibt es immer noch große Sets, die aufgebaut werden müssen, damit die Schauspieler darin agieren können. Diese Sets können auf der einen Seite nur aus reinen Kulissen bestehen, auf der anderen Seite gibt es aber auch sehr aufwändige Konstruktionen mit pyrotechnischen Effekten, um den Akteuren ein möglichst realistisches Umfeld zu bieten.

Armageddon Special Effects gibt am Beispiel des gleichnamigen Science-Fiction-Films von 1998 mit Bruce Willis und Ben Affleck einen exzellenten Einblick in die Trickkiste Hollywoods.

Von „King Kong" bis „Star Wars"

Gleich zu Beginn betritt man einen Raum, in dem die Besucher von einem Cast Member begrüßt werden, der die kurze Reise durch die große Welt der atemberaubenden Special Effects moderiert. Wie bereits erwähnt, braucht man aber auch bei jedem Film echte Sets, in denen sich die Schauspieler bewegen können. Michael Clarke Duncan, einer der Hauptdarsteller aus „Armageddon" erklärt, warum dies so ist, und lädt die Besucher ein, in einer der Schlüsselszenen des Films selbst mitzuwirken. Dazu muss man den Raum, der

Filmtipp

„Armageddon" vereint zahlreiche Superstars wie Bruce Willis, Ben Affleck, Liv Tyler und Michael Clarke Duncan im Kampf gegen einen gigantischen Asteroiden, der auf die Erde zurast. Der 1998 unter der Regie von Michael Bay entstandene Blockbuster überzeugt vor allem durch beeindruckende und fantastische Special Effects und bietet Popcorn-Kino vom Feinsten.

übrigens mit etlichen Deko-Elementen zum Film ausgestattet ist, verlassen und durch einen langen Gang zum eigentlichen Set gehen.

An Bord der „Mir"

Bevor man lange überlegen kann, was einen dort erwartet, steht man plötzlich mitten in den Dreharbeiten an Bord der russischen Raumstation „Mir". Die Türen schließen sich, es wird dunkel, und der gesamte Raum scheint nur noch von den blinkenden Lichtern der Bordcomputer und den Aussichtsfenstern, die einen atemberaubenden Blick auf das „unendliche" Weltall ermöglichen, erleuchtet zu werden.

Die leicht bedrückende Atmosphäre wird nur noch dadurch gesteigert, dass plötzlich ein Meteoritenhagel auf den Sensoren der Raumstation erscheint. Und spätestens, wenn aus den Lautsprechern plötzlich ein lautes „Action!" ertönt, weiß man genau, wie sich ein Bruce Willis während der Filmaufnahmen zu „Armageddon" gefühlt haben muss. Was dort nun genau alles geschieht, soll an dieser Stelle nicht verraten werden, aber wer den Film kennt, braucht seine Vorstellungskraft sicherlich nicht allzu stark bemühen. Sie sollten sich aber auf jeden Fall darauf einstellen, dass es nicht allzu gemütlich auf der „Mir" zugeht – aber seien Sie unbesorgt: Das ist Bestandteil der Show und wie immer in Hollywood für die Schauspieler völlig ungefährlich – für den Besucher allerdings ist es ein absolut beeindruckendes Erlebnis. ■

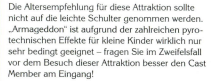

Parkscout-Tipp

Die Altersempfehlung für diese Attraktion sollte nicht auf die leichte Schulter genommen werden. „Armageddon" ist aufgrund der zahlreichen pyrotechnischen Effekte für kleine Kinder wirklich nur sehr bedingt geeignet – fragen Sie im Zweifelsfall vor dem Besuch dieser Attraktion besser den Cast Member am Eingang!

Backlot Express Restaurant

Das Chaos tobt

Dieses Selbstbedienungsrestaurant wirkt wie eine riesige Requisitenkammer eines großen Filmstudios, in der man speisen kann. Überall an den Wänden hängen Bilder, Lampen und zahlreiche andere Ausstattungsgegenstände. Vor den Kassen befindet sich sogar ein „Paint Shop", wo in diversen Schränken die unterschiedlichsten Farben und Lacke gelagert werden. Keine Frage – dieses Restaurant ist eindeutig der Ort, an dem sich die Angestellten des Art Departments während ihrer Pause zum Essen treffen.

Bekannte Requisiten

Auf insgesamt über 500 Plätzen können die Besucher dort inmitten einer angenehm chaotischen Umgebung die Arbeitsatmosphäre eines großen Produktionsstudios live miterleben. In jeder kleinen Ecke des *Backlot Express Restaurant* gibt es immer wieder neue Requisiten zu entdecken – selbst bekannte Ausstellungsstücke wie das „Speeder Bike" aus „Krieg der Sterne: Die Rückkehr der Jedi-Ritter" stehen dort zur Besichtigung bereit.

Vor dem Gebäude befinden sich zusätzlich zwei kleine Terrassen – wenn das Wetter mitspielt, kann man also sein Mittagessen auch mit einem erholsamen Sonnenbad an der frischen Luft verbinden.

Zu den Spezialitäten des Restaurants gehören vor allem Sandwichs, frische Salate und Quiches. ∎

Café des Cascadeurs
Essen mit den Stuntmen

Gleich gegenüber von *Moteurs... Action! Stunt Show Spectacular* steht ein kleiner unscheinbarer Wohnwagen, der das andere der beiden Restaurants des *Backlot* beherbergt: Das *Café des Cascadeurs*. Im Inneren, das komplett im Art-déco-Stil der 1950er Jahre ausgestattet wurde, treffen sich nicht nur die Stuntmen zu einer kleinen Stärkung nach ihren Einsätzen – auch die normalen Besucher des Parks können hier jederzeit einen Imbiss zu sich nehmen.

Das rote Band

Das Restaurant bietet nur Platz für knapp 40 Gäste – man muss also eine längere Wartezeit einkalkulieren, wenn man sich unter die berühmten Stuntleute Hollywoods mischen

möchte. Aus diesem Grunde gibt es auch am Eingang ein rotes Absperrband, das verhindern soll, dass zu viele Gäste das *Café des Cascadeurs* betreten können.

Bei schönem Wetter besteht übrigens die Möglichkeit, auf einer kleinen Terrasse neben dem Wagen zu speisen und das Geschehen im *Backlot* in aller Ruhe zu beobachten. Das stilvolle Ambiente des Restaurants passt hervorragend zu dieser Umgebung und lädt durchaus zu einem längeren Verweilen ein.

Salate für die Kaskadeure

Stuntmen müssen sich selbstverständlich gesund ernähren. So bekommen Sie hier nicht nur Sandwichs und Hot Dogs, sondern vor allem auch verschiedene Salate, die zudem äußerst empfehlenswert sind. ■

Zusatzangebote im Walt Disney Studios Park

Saisonale Highlights

Weihnachten im Walt Disney Studios Park

Wenn im benachbarten *Disneyland Park* ab November der Weihnachtsmann das Zepter übernommen hat, heißt es auch im *Walt Disney Studios Park* überall „Ihr Kinderlein kommet!". Während der *Christmas Season* verwandelt sich der *Front Lot Square* und das komplette *Studio 1* in ein weihnachtliches Lichtermeer.

Live-Gesang

Die Dekorationen im *Studio 1* werden dabei um unzählige, der Jahreszeit entsprechende Details erweitert. So bekommen beispielsweise die afrikanischen Masken des *Restaurant en Coulisse* rote Zipfelmützen und einen weißen Rauschebart, während die gesamte Rückseite der Halle mit einem gigantischen Lichtervorhang versehen wird.

Ebenfalls im *Studio 1* findet während der *Christmas Season* weihnachtlicher Live-Acapella-Gesang statt, der die Besucher in die passende Stimmung versetzt.

Weihnachten à la Hollywood

Auch der gesamte Rest des *Walt Disney Studios Park* hat in dieser Saison sein feierlichstes Kleid angelegt. Überall lassen sich neue spezielle Weihnachtsdekorationen entdecken – ob es nun ein als Geschenk verpackter Straßenkreuzer oder dutzende von Lichter-Sternen sind, die in den Abendstunden hell leuchten. Der Heilige Geist der Weihnacht ist allgegenwärtig – wenn auch im Gegensatz zum *Disneyland Park* eher in einer für Hollywood typischen Art. Und wenn Sie Glück haben, werden Sie sogar einem echten Weihnachts-Goofy begegnen. ∎

Disney Village

Abendunterhaltung à la Disney

Nach dem Vorbild von *Pleasure Island*, dem Vergnügungszentrum in der amerikanischen *Disney World*, wollte man auch in Paris einen Ort schaffen, an dem die Hotel- und natürlich auch Tagesgäste ihren Abend interessant gestalten können. Und so erbaute man nach Plänen der bekannten Architekten Gehry, Saubot und Julien auf der Achse zwischen den Hotels von *Disneyland Resort Paris* und den beiden Freizeitparks das *Disney Village*, das auf einer Gesamtfläche von rund 18.000 Quadratmetern mit einer Vielfalt an Shops, Restaurants und Ausgehmöglichkeiten lockt.

Als einzige Verbindung zwischen den Parks und Hotels hat man das *Disney Village* als eine Art Fußgängerzone entworfen, in der die Besucher die ganze Woche lang flanieren können. Gerade in den Abendstunden entwickelt dieses Unterhaltungszentrum seinen ganz eigenen Charme. Hier kann man je nach Geschmack in einem thematisierten Restaurant essen gehen, in einer Bar einen Drink zu sich nehmen oder in den Shops Andenken kaufen. Während dieser Bereich von einer Lichterkonstruktion erhellt wird, beginnen die diversen Leuchtreklamen mit ihren Verlockungsversuchen, und es tönt Musik aus allen Ecken.

Abendfüllendes Entertainment

Doch neben der Unterhaltung in den Bars, die oftmals Live-Musik oder Karaoke bieten, kann man auch noch abendfüllendes Entertainment erleben. Wie wäre es zum Beispiel mit einem Besuch des *Gaumont-Multiplex-Kinos*, in dem auf 15 Leinwänden aktuelle Filmhits in englischer und französischer Sprache gezeigt werden? Ein noch intensiveres Erlebnis bekommen Sie gleich nebenan in einem IMAX-Kino, wo Sie in die dritte Dimension abtauchen können. Wer danach tanzen möchte, kann dies bis in die frühen Morgenstunden in der *Diskothek Hurricanes* tun, deren Eintritt für Gäste der Disney-Hotels übrigens kostenlos ist. Die Dinner-Show *Buffalo Bill's Wild West Show* sowie Open-Air-Veranstaltungen runden das Angebot im *Disney Village* ab.

Disney Village

Auch tagsüber einen Besuch wert

Aber auch tagsüber, wenn die zum Teil recht kühl wirkenden Fassaden nicht diesen Charme versprühen, wird hier einiges für die Besucher geboten. Wer schwindelfrei ist, kann zum Beispiel bei *Panoramagique*, einer Fesselballonfahrt direkt hinter dem Ausgang des *Disney Village*, eine herrliche Aussicht aus fast 100 Metern Höhe auf das gesamte Resort genießen. Hier startet auch eine kleine Fahrt mit einem Zug, die einmal um den *Lake Disney* herumführt. Und spätestens, wenn an stark besuchten Tagen in den beiden Themenparks lange Wartezeiten im Gastronomiebereich entstehen, ist ein Besuch des *Disney Village* ein echter Geheimtipp, da man hier seine Mittagsmahlzeit meist in Ruhe einnehmen kann. ■

Links oben: Panoramagique – auf Wunsch 100 Meter über dem Resort schweben
Links unten: Eingang zum Disney Village bei Nacht
Oben: Gaumont-Multiplex-Kinos
Unten: Das Disney Village vom Lake Disney aus gesehen

Annette's Diner
Cadillacs und Rollschuhe

Gleich am Eingang zum *Disney Village* liegt mit *Annette's Diner* ein im Stil der 1950er Jahre errichtetes Restaurant mit typisch amerikanischem Flair. Inmitten einer opulenten Dekoration mit nostalgischer Jukebox, flotten Cadillacs und bunten Neonreklamen wird man von sportlichen Serviererinnen bedient, die stilecht auf Rollschuhen die Speisen und Getränke an die Tische im Innen- und Außenbereich bringen und die dankbaren Gäste gerne einmal mit kurzen, aber temporeichen Showeinlagen auf ihren Roller-Skates verwöhnen.

Auch bei den Mahlzeiten blieb man konsequent: Getreu dem Namen und der Dekoration gibt es hier hauptsächlich American Food, also Burger, Pommes Frites und vieles mehr aus dem Land der unbegrenzten Möglichkeiten. ∎

Planet Hollywood
Bruce, Arnie und Sly bitten zu Tisch

Das von Schauspielern wie Bruce Willis, Arnold Schwarzenegger und Sylvester Stallone gegründete Restaurant fällt schon von weitem durch seine markante Architektur auf. Die Außentreppe führt in den ersten Stock des Gebäudes, wo bereits Originalexponate aus den großen Hollywoodproduktionen zu sehen sind. Im Restaurant selber sind weitere Exponate ausgestellt, die den Gast vor lauter Umherschauen kaum zur Ruhe kommen lassen.

Doch spätestens mit dem Servieren der überwiegend amerikanischen Speisen konzentriert man sich aufs Essen: Burger, Nudeln und Fleisch vom Grill schaffen ein vielfältiges Angebot. Eine Bar gehört ebenso zum Angebot wie der angeschlossene Shop, in dem man die immer noch begehrten *Planet Hollywood*-T-Shirts kaufen kann. ∎

Billy Bob's Country & Western Saloon
Live-Musik und Fingerfood

Der zur Mittagszeit noch geschlossene Western Saloon von Billy Bob ist in den Abendstunden einer der Hauptanlaufpunkte im *Disney Village*. Denn mit allabendlicher Live-Musik sowie einem ausreichend großen Tanzbereich wird hier nach einem langen Tag noch weitergefeiert. Von außen ist der Saloon zwar eher unscheinbar, doch den Innenraum hat man ansprechend im Westernstil gestaltet.

Auf insgesamt drei Etagen erstreckt sich die Lokalität; in der obersten gibt es ein „All you can eat"-Büfett für ca. 25 Euro, das allerlei Fingerfood und weitere Köstlichkeiten bietet. Aber auch für den eher kleineren Magen wird gesorgt: An den zahlreichen Tischen werden Snacks und typisches Westernfood wie zum Beispiel Chili con Carne und Chicken Wings serviert. ∎

Sports Bar
Baseball, Bier und Cocktails

Zur amerikanischen Lebenskultur gehören sie fest dazu, und langsam bahnen sich die Sportsbars auch ihren Weg nach Europa. Auf nicht weniger als zwölf Bildschirmen und einer Großleinwand kann man hier die verschiedensten Sportevents verfolgen. All dies in einer Deko, die sich mit lebensgroßen Figuren und jeder Menge Bildern ganz dem US-Sport verschrieben hat.

Dazu gibt es 18 verschiedene Biersorten, angefangen vom mexikanischen Corona über das französische Cronenbourg bis zum deutschen Becks. Neben den normalen Getränken stehen noch diverse Cocktails auf der Karte. Für den kleinen Hunger bieten sich verschiedene Snacks wie Sandwiches, Fingerfood oder Desserts an. Angeschlossen an die *Sports Bar* findet man auch den zentralen Tabakshop des *Disney Village*. ∎

New York Style Sandwiches

Auf die Schnelle oder zum Mitnehmen

Neben dem allseits bekannten Fastfood-Restaurant *McDonald's* gibt es ein weiteres Lokal im *Disney Village*, das Speisen zum Mitnehmen anbietet und eher nur für den schnellen Snack zwischendurch geeignet ist, die *New York Style Sandwiches*. Wie der Name es schon sagt, gibt es hier alle möglichen schmackhaften Baguettevariationen mit frischen Zutaten, Side Orders wie French Fries und mehr.

In dem an einen typischen New Yorker Deli angelehnten Laden, der sehr nett mit einigen nachgeahmten Lebensmittelregalen und herabhängenden (natürlich künstlichen) Fleischwaren dekoriert ist, kann man jedoch auch direkt vor Ort essen und findet neben den bereits oben erwähnten Speisen noch Suppen, frische Salate und leckere Desserts auf der Speisekarte. ∎

Café Mickey

Frühstücken mit Micky und Co.

Die wohl schönste Sonnenterrasse der Restaurants im *Disney Village* hat das am nächsten zu den Hotels gelegene *Café Mickey*. Am Wasser gelegen und nur durch einen kleinen Weg von diesem getrennt, kann man hier wundervoll im Sommer unter französischer Sonne speisen. Doch auch das Innere des Lokals ist nicht zu verachten – auf zwei Etagen kann man in dem in hellen Farben gehaltenen Restaurant wundervoll diverse Mahlzeiten zu sich nehmen.

Bekannt ist das *Café Mickey* besonders für seine „Character Breakfasts", bei denen man in Anwesenheit zahlreicher Disneyfiguren ein reichhaltiges Frühstücksbüfett genießen kann. Und wem das an Entertainment noch nicht reicht, der kann auf einem der Fernseher, die in keiner Weise aufdringlich wirken, Disney-Comics schauen. ∎

McDonald's
Bekanntes für Fastfood-Fans

Auch im *Disney Village* hat sich die weltweit größte Restaurantkette niedergelassen und bietet auf zwei Etagen und zwei Sonnenterrassen jede Menge Platz für das stets große Publikum. Das Angebot unterscheidet sich wie üblich nicht wirklich von dem aus anderen Ländern bekannten McDonald's-Gerichten, wohl aber die Dekoration.

Anscheinend wollte man den Disney-Restaurants in nichts nachstehen und hat einige Thematisierungsansätze verwirklicht, die ganz im Stil von Leonardo da Vinci gehalten sind. Das Restaurant ist aufgrund seiner günstigen Preise recht beliebt.

Trotz der manchmal etwas langen Schlangen geht es bei dem eingespielten Team immer recht flott vorwärts – ganz nach bewährter McDonald's-Tradition. ∎

The Steakhouse
Essen wie zu Al Capones Zeiten

Dieses Restaurant ist wohl das eleganteste im *Disney Village* und bietet hochwertige Küche in einem schicken Ambiente. Eine sehr hübsche Bar mit ledernen Sitzgelegenheiten bietet die Möglichkeit, einen Aperitif zu sich zu nehmen, bevor man in den Speiseraum wechselt. Dieser ist im Stil einer Lagerhalle im Chicago zu Al Capones Zeiten gehalten. Allerdings ist dieses Ambiente nicht jedermanns Geschmack, und so sei den Besuchern, die eher eine wärmere Dekoration suchen, ein Platz im äußerst schmucken Wintergarten mitsamt einer ruhigen Sonnenterrasse empfohlen.

Geboten werden jede Menge Steaks in allen Variationen, doch es gibt natürlich auch Fisch und Geflügelgerichte. Alles in allem ein sehr edles Steakhouse in einer dementsprechenden Preisklasse. ∎

Rainforest Café
Speisen im Regenwald

Ein weiteres Restaurant einer weltweit agierenden Kette und das sicherlich aufregendste im ganzen *Disney Village* ist das *Rainforest Café* mit seiner opulenten Dekoration. Das am Eingang lauernde Krokodil, das alle paar Minuten die vorbeigehenden Besucher mit ein paar Bewegungen und einem Brüller vom Band auf sich aufmerksam macht, ist nur der erste Vorbote dessen, was den Gast im Innern erwartet. Von der Decke und den Wänden hängen unzählige Pflanzen; Tiere wie Elefanten, Affen oder Löwen schauen aus der Deko heraus und ein Sternenhimmel bietet eine schöne zusätzliche Illusion. Das Essen gerät hier also schnell zur Nebensache, wenn man auf Entdeckungsreise durch das Restaurant geht. Die kreative Speisekarte bietet neben diversen Fleischgerichten aus der amerikanischen Küche auch hervorragende Desserts. ∎

King Ludwig's Castle
Bayerisches mitten in Frankreich

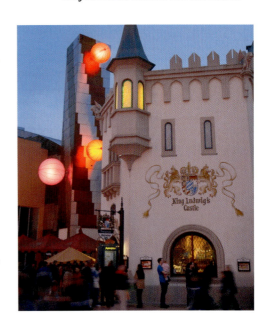

Das *King Ludwig's Castle* bietet auch im Herzen Frankreichs deutsche Spezialitäten. Man betritt die Lokalität durch einen kleinen Shop, in dem es allerlei Spielzeug und Ritterausrüstungen für große und kleine Kinder zu kaufen gibt.

Das Restaurant selbst besteht aus einem großen Speisesaal, der ausschweifend dekoriert ist mit allerlei Wandgemälden, gewaltigen Kronleuchtern und einer Galerie mit starker Ballustrade. All dies natürlich mit eher dunklen Hölzern, ganz so, wie sich die Franzosen eben „Good Old Germany" vorstellen. Leberkäse, Nürnberger Rostbratwürste oder Halbe Hähnchen geben hier den Ton an, gefolgt von allerlei deftigen Mahlzeiten. Besonders beliebt bei den Gästen sind natürlich die vom Fass kommenden Weiß- und Dunkel-Biere aus Bayern. ∎

Buffalo Bill's Wild West Show

Das Wild West Dinner Show Spektakel

Das absolute Highlight im *Disney Village* ist mit Sicherheit *Buffalo Bill's Wild West Show*, die bis zu 14 Mal in der Woche abends in einer großen Showarena neben dem Kinokomplex aufgeführt wird. Bei dieser handelt es sich um eine Adaption der besonders in den Vereinigten Staaten von Amerika so beliebten Dinnershows, in denen neben spektakulärem Entertainment unter Einbindung des Publikums diesem an den einzelnen Tischen auch ein Abendessen mitsamt Getränken serviert wird, die im Eintrittspreis bereits enthalten sind.

Die Show selbst ist ein großes Westernspektakel mit jeder Menge Action: Da wird eine Postkutsche überfallen, gewagte

Parkscout-Tipp

Bei der Buffalo Bill's Wild West Show treten neben den menschlichen Darstellern auch etliche Tiere auf, wie beispielsweise Pferde und Bisons. Daher ist diese Show Besuchern, die an Allergien leiden, nur bedingt zu empfehlen.

Buffalo Bill's Wild West Show

Stunts auf galoppierenden Pferden werden vollzogen und es kommt zu Schießereien – eine richtige Stuntshow eben. Die Tribüne, auf der das Publikum sitzt, ist in vier Bereiche aufgeteilt, die durch verschiedenfarbige Hüte (die man später mitnehmen darf) gekennzeichnet sind und die ebenfalls in einem Wettstreit gegeneinander antreten müssen.

Während der etwa 100-minütigen Show hat man unbegrenzt Getränke zur freien Verfügung und die Wahl zwischen mehreren Menüs, die während der Show von den Kellnern serviert werden. Neben deftigem Westernfood mit Chili con Carne und Chicken Wings wird natürlich auch eine Alternative für die Vegetarier angeboten, abgerundet durch ein leckeres Dessert. Insgesamt eine wirklich sehenswerte Show und ein erwägenswertes Abendprogramm mit einer Menge Spaß und Action für Besucher jeden Alters – es gibt kaum ein Gesicht, das beim Rausgehen aus der Halle nicht ein Lächeln auf den Lippen hat. ■

Val d'Europe

Val d'Europe

Shopping, Wohnen und Freizeit

In Zusammenarbeit mit der staatlichen Planungsgesellschaft EPA und fünf angrenzenden Gemeinden hat Disney in unmittelbarer Nähe zu den Parks und den Hotels ein städtebauliches Projekt lanciert, das mit einem gesunden Mix aus Shopping, Wohnen und Freizeit überzeugen kann.

Zahlreiche Geschäfte im Val d'Europe

In den Blickpunkt des Interesses rückte das *Val d'Europe* getaufte und nur wenige Kilometer vom Park entfernte Gebiet gegen Ende des Jahres 2001, als im zukünftigen Zentrum der Wohn- und Geschäftsstadt ein Shoppingzentrum der Superlative mit eigenem Anschluss an die RER-Linie A zwischen Paris und *Disneyland Resort Paris* eröffnete.

Mit mehr als 100 Geschäften und knapp 20 Restaurants auf einer Fläche von 75.000 Quadratmetern in einer überdachten und hübsch gestalteten Passage bieten sich für die ganze Familie jede Menge Möglichkeiten zum Geldausgeben.

Ausnahmsweise mal nicht von Glas und Stahl beherrscht, sondern an die berühmten Pariser Architekten Baltard, Eiffel und Haussmann angelehnt, bietet das im Stil der Wende zum 20. Jahrhundert errichtete Einkaufszentrum vom Sportgeschäft über den Elektrohandel bis zum Supermarkt der neuesten Generation, einem Pilotprojekt der *Auchan*-Kette, eine große Vielfalt an Geschäften.

Shopping

Im Food Court *Les terrasses* gibt es zusätzlich eine große Anzahl an Restaurants. Angefangen vom Fastfood-Tempel über die Pizzeria und den Chinesen bis zum leicht abgedrehten und aus Amerika bekannten Eisgeschäft *Ben & Jerrys* findet sich hier für jeden Geschmack etwas. Und die Jünger der Produkte mit den weltberühmten Nagern finden im Disneyshop jede Menge Merchandising, das nur darauf wartet gekauft zu werden. Auch wenn das Angebot kleiner ist als in den diversen Boutiquen der Parks und dem *Disney Village* selber, so ist ein Besuch dennoch empfehlenswert; hat man hier doch ein konsequent neues Design des Shops ausprobiert, das wegweisend für die neuen Disney Shops in Übersee sein soll.

Val d'Europe

In der Verlängerung der Passage befindet sich ein Outlet Centre mit dem vielsagenden Namen *La Vallée Outlet Shopping Village*. Hier wurde von den Betreibern eine sympathische und ruhige Fußgängerzone einer französischen Kleinstadt mit Gassen und Häusern aus dem Boden gestampft, die der lokalen französischen Architektur nachempfunden wurde. In den einzelnen „Maisons" haben sich diverse bekannte Designer und Modefirmen mit Weltruf eingerichtet, die ihre Ware dort zu teilweise stark verbilligten Preisen anbieten.

Das zu den Anfangszeiten noch recht leere Village hat sich mittlerweile sehr gut mit Mietern gefüllt, und so kann es schon mal vorkommen, dass sich der Shoppingausflug recht schnell in die Länge zieht, besonders beim weiblichen Geschlecht soll es ab und an zu längeren Aufenthalten in den diversen Modegeschäften kommen.

Einkaufsspaß, nicht nur für die Damenwelt

Val d'Europe

Shopping, Wohnen und Freizeit

Kinderspaß, Aquarien und Sport

Mit einem angeschlossenen Kinderspielplatz dürfte aber zumindest für die Jüngsten etwas Abwechslung geboten sein, Toiletten und Bänke zum Entspannen runden das Service-Angebot ab. Eine weitere und wirklich sehenswerte Freizeitmöglichkeit bietet das *Val d'Europe* im Untergeschoss, wo sich die europaweit agierende Merlin-Gruppe mit ihrem Großaquarium namens *Sea Life Centre* eingerichtet hat. Hier werden dem Besucher anhand des Wasserkreislaufs von der Quelle der Seine quer durch den Atlantik bis in die Karibik in 13 verschiedenen Abschnitten die jeweiligen Lebewesen im Wasser näher gebracht. In naturgetreu gestalteten Becken sowie dem absoluten Highlight, einem gläsernen Unterwassertunnel durch ein Haibecken, wird jede Menge Kurzweil geboten – ein Besuch ist empfehlenswert und eine Abwechslung zu all den künstlichen Welten. Außerdem wird mit Hilfe von wechselnden Ausstellungen hier auch auf einen erzieherischen Aspekt Wert gelegt. Den Besuchern sollen die diversen Probleme der Meeresbewohner vermittelt werden, so dass schon die Jüngsten ein ökologisches Bewusstsein entwickeln. Leider ist das *Sea Life Centre* - Aquarium nicht sonderlich international ausgelegt und so gilt es einige Sprachbarrieren zu überwinden.

Und wer auch im Urlaub seine Fitness nicht vernachlässigen möchte, dem bietet sich die Gelegenheit zum Besuch eines modernen und geräumigen Fitnesszentrums im Untergeschoss. Ein neu angelegter Golfplatz in unmittelbarer Nähe zum Einkaufs- und Wohnzentrum lädt ebenfalls zu sportlichen Aktivitäten ein.

All dies soll in Zukunft die Grundlage für eine ganz eigene Stadt werden, die mit Sportmöglichkeiten, Einkaufszentrum und guten Verkehrsanbindungen viele Pariser aus der Enge der Hauptstadt in die hübschen Viertel des *Val d'Europe* locken soll. ∎

Spaß im Sea Life Center

Anreise und Übernachten

Anreise nach Disneyland Resort Paris

Anreise per Auto

Über die Autobahn brauchen Sie von Köln aus gerade einmal 4,5 Stunden. *Disneyland Resort Paris* ist verkehrstechnisch äußerst günstig an der Autobahn A4 Paris–Metz/Nancy gelegen und verfügt über eine eigene Autobahnabfahrt; alles ist schon früh und im gesamten Großraum rund um Paris ausgeschildert.

Von Norddeutschland fährt man am sinnvollsten über Aachen und die E42 bis Namur/Mons, bevor man auf die E19/A2 und dann den Wegweisern folgend auf die A1 in Richtung Valenciennes wechselt.
In Roissy kurz vor den Toren von Paris ist das Resort auch schon ausgeschildert, und man folgt der A104 ostwärts in Richtung Marne-la-Vallée. Von dort aus ist es noch ein kleines Stück auf der A4 in Richtung Metz/Nancy bis zur parkeigenen Ausfahrt.
Weiter südlich ist der Weg über Saarbrücken zu empfehlen, von dort aus gelangen Sie auf die A4 in Richtung Paris und *Disneyland Resort Paris*.
Aus Süddeutschland nimmt man am besten die Route über Karlsruhe und Straßburg, wo Sie kurz hinter der französischen Grenze wieder auf die A4 stoßen.

Anreise per Bahn

Nutzen Sie für Ihre Reise nach *Disneyland Resort Paris* die Schnellzüge nach Frankreich. TGV, Thalys oder DB Nachtzug bringen Sie in die französische Hauptstadt. Von dort gelangen Sie ganz einfach mit der RER-Schnellbahn Linie A direkt vor die Tore der Parks.

Mit 320 Stundenkilometern nach Paris: Die neue Hochgeschwindigkeitsstrecke macht es möglich. Fahren Sie mit Europas schnellsten Zügen in die Stadt der Liebe – zum Beispiel im TGV von Stuttgart oder im ICE ab Frankfurt/Main nach Paris Est in weniger als vier Stunden! Genauso schnell ist der Thalys nach Paris Nord unterwegs: weniger als vier Stunden ab Köln und sogar nur gut drei Stunden ab Aachen.

Anreise per Bus

Verschiedene Anbieter von Bustouren wie Schmetterling Reisen oder Deutsche Touring sorgen für eine oft preiswerte Alternative für Ihre Anreise. Fragen Sie einfach in Ihrem Reisebüro nach den entsprechenden Katalogen und Angeboten.

Anreise per Flugzeug

Ab allen großen deutschen Flughäfen fliegen Sie schnell und bequem in das Königreich der Maus. Von den beiden Pariser Flughäfen Orly und Charles de Gaulle bringt Sie ein VEA Shuttle Service zu Ihrem Hotel oder zum Park.
Die VEA-Flughafenbusse fahren direkt von den beiden Pariser Flughäfen Roissy/Charles de Gaulle und Orly zu den Hotels in *Disneyland Resort Paris*. Die Fahrzeit beträgt etwa 90 Minuten.
Die VEA-Busse sind leider für Rollstuhlfahrer und stark Gehbehinderte nicht geeignet, da sich die Busse nicht absenken lassen.

Gäste der Hotels *Vienna International Dream Castle Hotel, Vienna International Magic Circus Hotel, Thomas Cook's Explorer's Hotel, Kyriad Hotel, Radisson SAS Hotel, Hotel l'Elysée Val d'Europe* und *Adagio City Aparthotel Val d'Europe* fahren am besten zum Disney-Bahnhof. Von dort aus besteht ein kostenloser Pendelbusverkehr.
Disney's Davy Crockett Ranch kann nur mit PKW-Anreise gebucht werden, da hier kein Pendelbusverkehr besteht. Die genauen Haltestellen und Fahrtzeiten erhalten Sie im Internet unter www.vea.fr. ∎

Übernachten in Disneyland Resort Paris

Ein Besuch der beiden Parks ohne eine der zahlreichen Übernachtungsmöglichkeiten im Resort zu nutzen wäre wie ein Stück Erdbeerkuchen ohne Sahne. Ob Sie nun im Wilden Westen, in einem amerikanischen Nationalpark oder in einem kleinen französischen Dorf wohnen möchten – die wunderschön gestalteten Themenhotels gehören zur magischen Welt von *Disneyland Resort Paris* einfach dazu.

Das Angebot ist vielfältig und beinhaltet gleich sechs Hotels, von denen man die beiden Parks in nur wenigen Minuten zu Fuß erreichen kann, sowie ein riesiges Waldareal mit rustikalen, aber komplett ausgestatteten Blockhütten.
Außerdem gibt es noch sieben weitere, von Disney empfohlene Übernachtungsmöglichkeiten in der direkten Umgebung

Bei der Ankunft

Der Check-In verläuft bei allen Hotels recht schnell und unproblematisch. Dort bekommen Sie bei der Ankunft alle wichtigen Unterlagen für Ihren Aufenthalt ausgehändigt: Zimmerschlüssel, Hotelplan, eine nützliche Informationsbroschüre und eine Hotel-ID-Karte. Diese ID-Karte gilt übrigens nicht nur als Nachweis, dass Sie wirklich in einem der Resort-Hotels übernachten, sondern kann auf Wunsch auch gleichzeitig überall im ganzen Resort als Kreditkarte genutzt werden.

Außerdem bekommen Sie beim Check-In auch die Gutscheine für das Frühstücksbüfett, das jeden Morgen im Restaurant des jeweiligen Hotels auf die Gäste wartet. Alternativ können Sie auch an manchen Tagen im *Disneyland Park* selbst frühstücken: Das *Au Chalet de la Marionette* im *Fantasyland* lässt exklusiv für die Hotelgäste vor der eigentlichen Parköffnung keine Wünsche offen und bietet ebenfalls ein reichhaltiges Büfett.

Oben: Gemütliche Zimmer erwarten Sie
Rechts oben: Der schicke Newport Bay Club
Rechts unten: Das majestätische Disneyland Hotel

Allerdings sollten Sie gleich bei der Buchung Ihres Urlaubs in *Disneyland Resort Paris* nachfragen, ob eine Teilnahme möglich ist.

Kostenlose Service-Leistungen

Jedes Hotel (mit Ausnahme der *Davy Crockett Ranch* und des *Disneyland Hotel*) verfügt über einen kostenlosen Shuttle-Bus-Service, der die Gäste alle zehn Minuten zum Eingang der beiden Parks und auch wieder zurück fährt. Bei Hotels, die nicht direkt zum Resort gehören, sollte man diesen Service auch unbedingt nutzen, während bei den anderen Hotels der Fußweg über das weitläufige Gelände aufgrund der wunderschönen

Übernachten in Disneyland Resort Paris

Landschaftsgestaltung durchaus empfehlenswert und bei schönem Wetter immer dem Bus vorzuziehen ist.

Shopping-Service

Wenn Sie in den zahlreichen Shops der beiden Parks oder im *Disney Village* etwas kaufen, besteht die Möglichkeit, die erstandenen Souvenirs in Ihr Hotel schicken zu lassen. Die Einkäufe können dort nach 20 Uhr in den jeweiligen Hotel-Shops abgeholt werden (Näheres dazu finden Sie auch im Kapitel „Shopping in Disneyland Resort Paris").

Auf den folgenden Seiten finden Sie einen detaillierten Überblick über die Ausstattung und weiteren Leistungen der einzelnen Übernachtungsmöglichkeiten. Dabei wird sicherlich schnell deutlich, dass die Hotels dafür sorgen, dass der Zauber, den man tagsüber in den beiden Themenparks und im *Disney Village* erleben kann, auch am Abend und in der Nacht anhält und den gesamten Urlaub im Resort zu einem unvergesslichen Erlebnis macht. ∎

DISNEY'S HOTEL Santa Fe

Auf den Spuren von Clint Eastwood

Wer schon immer in neumexikanischen Pueblos wohnen wollte, hat hier die einmalige Gelegenheit dazu. Eine große Autokinoleinwand mit dem Konterfei von Clint Eastwood zu seinen besten Italo-Western-Zeiten bereitet die Besucher schon gleich am Eingang auf die Thematisierung dieses Hotels vor.

Das *Santa Fe* liegt am Ufer des eigens dafür geschaffenen Flusses *Rio Grande* und bietet seinen Gästen in verwinkelten Gebäuden die Atmosphäre des Grenzgebietes zwischen New Mexico und Texas.

Suchen Sie die Untertasse!

Der von dem französischen Architekten Antoine Predock geschaffene Gebäudekomplex ist unterteilt in vier verschiedene Gebiete, die sich mit jeweils unterschiedlichen Themen befassen: Artefakte, Legenden, Monumente und Wasser. So ist es keineswegs verwunderlich, wenn man bei einem kleinen Spaziergang auf ein abgestürztes UFO oder einen Vulkan stößt.

Dies alles ist wunderschön integriert in eine üppige Landschaft mit landestypischen Sträuchern und Bäumen, die besonders abends durch Laternen, die mit bunten Leuchtgirlanden versehen sind, wirkungsvoll in Szene gesetzt wird.

Die Zimmer des *Santa Fe* sind im neumexikanischen Stil eingerichtet. Überall kann man geometrische, indianisch wirkende Muster erkennen, und die Farbpalette wird von Erdtönen dominiert, so dass dort eine sehr gemütliche Atmosphäre herrscht. Jeder Raum verfügt über zwei große französische Betten,

---

Disney's Hotel Santa Fe

Kategorie: 2 Schlüssel
Zimmer: 1000

Zimmerausstattung: Telefon, TV, Deckenventilator, separates Badezimmer (Zimmer für Rollstuhlfahrer sind vorhanden)

Service: Kostenloser Pendelbus zu den Parks, Gepäckaufbewahrung, kostenloser Parkplatz, Safe an der Rezeption, Wechselstube, Waschautomat

Freizeiteinrichtungen: Kinderecke, Kinderspielplatz, Videospielhalle, Animation

Restaurants: La Cantina
Bars: Rio Grande Bar

Die Zimmer können am Anreisetag ab 15 Uhr bezogen werden und müssen am Abreisetag bis 11 Uhr geräumt sein.

Disney's Hotel Santa Fe

einen Deckenventilator, TV/Radio, Telefon und ein extra Badezimmer, das natürlich ebenfalls thematisch angepasst wurde.

Im Restaurant *La Cantina* werden hauptsächlich Tex-Mex-Gerichte geboten – ob es nun frisch zubereitete Tortillas sein sollen oder eher ein knuspriges Hähnchen: Die südwestamerikanische Küche ist immer wieder lecker und vor allem auch sehr vielfältig. Dass auch hier alles thematisiert wurde, versteht sich fast von selbst: Das gesamte Restaurant wirkt wie ein kleiner Marktplatz in Santa Fe, bei dem die einzelnen Speisen als Auslage auf diversen Ständen präsentiert werden.

Tequilla Sunrise

Um den Tag gemütlich ausklingen zu lassen, empfiehlt sich ein Besuch in der *Rio Grande Bar*, wo man nicht nur diverse Cocktails genießen, sondern auch mexikanischer Musik lauschen kann. An verschiedenen Tagen werden dort sogar Tanzveranstaltungen oder Karaoke-Abende geboten. Für kleinere Kinder gibt es auf dem Hotelgelände den *Totem Circle Playground* – einen großen Spielplatz, bei dem die jüngeren Gäste geheimnisvolle Ruinen einer längst vergessenen Zivilisation erkunden können. Größere Kinder können sich im *Pow Wow Game Room* an diversen Videospielen versuchen.

Die *Trading Post*, ein kleiner Shop mit allerlei mexikanischem Kunsthandwerk, rundet das Angebot dieses familienfreundlichen Hotels ab, das übrigens neben der *Davy Crockett Ranch* das einzige Disney-Domizil ist, bei dem man mit dem Auto in das eigentliche Hotelgelände hineinfahren und dort sogar vor den einzelnen Gebäuden parken kann. ∎

Der Wilde Westen ruft

Wenn Sie schon immer davon geträumt haben sollten, als Cowboy durch den Mittleren Westen der USA zu ziehen, bietet das *Cheyenne* genau die richtige Umgebung dafür.

Direkt gegenüber dem *Santa Fe* liegend, auf der anderen Seite des *Rio Grande*, kann man in diesem Hotel, das wie eine Westernstadt aus dem 19. Jahrhundert wirkt, sein Quartier beziehen. Die authentische Atmosphäre des *Cheyenne* sorgt dabei stets dafür, dass sich die Gäste tatsächlich wie im Wilden Westen fühlen.

Zu Gast bei Wyatt Earp

Wenn man sein Auto auf dem hoteleigenen Parkplatz abgestellt hat und die von Robert A.M. Stern entworfene Westernstadt betritt, merkt man schnell, dass die einzelnen Zimmer nicht in „normalen" Gebäuden untergebracht sind. Jedes Haus im *Cheyenne* trägt nämlich den Namen eines bekannten Westernhelden wie zum Beispiel „Billy the Kid" oder „Wyatt Earp".
Natürlich macht diese Detailverliebtheit nicht vor der restlichen Gestaltung der Stadt halt – überall stehen Planwagen am Straßenrand, und sogar ein Galgenbaum wurde dort errichtet, um Banditen abzuschrecken.

Das Western-Thema kann man selbstverständlich auch in den Zimmern des Hotels wiederfinden. Hufeisen an der Wand, Büffelleder und Cowboy-Motive waren bei der Gestaltung tonangebend und sorgen dafür, dass die Zimmer fantastisch zur Stimmung des gesamten Hotels passen. Ein französi-

---

Disney's Hotel Cheyenne

Kategorie: 2 Schlüssel
Zimmer: 1000

Zimmerausstattung: Telefon, TV, Deckenventilator, separates Badezimmer (Zimmer für Rollstuhlfahrer sind vorhanden)

Service: Kostenloser Pendelbus zu den Parks, Gepäckaufbewahrung, kostenloser Parkplatz, Safe an der Rezeption, Wechselstube, Waschautomat

Freizeiteinrichtungen: Kinderecke, Kinderspielplatz, Videospielhalle, Animation, Ponyreiten

Restaurants: Chuck Wagon Cafe
Bars: Red Garter Saloon

Die Zimmer können am Anreisetag ab 15 Uhr bezogen werden und müssen am Abreisetag bis 11 Uhr geräumt sein.

Disney's Hotel Cheyenne

sches Bett und ein Etagenbett für Kinder zeugen davon, dass das *Cheyenne* vor allem für Familien mit Kindern konzipiert wurde. Ansonsten ist die Ausstattung der Räume mit denen des *Santa Fe* identisch.

Für das leibliche Wohl zuständig ist das Chuck Wagon Cafe, ein Büffett-Restaurant mit Western-Spezialitäten. Stellen Sie sich einfach Ihr Essen nach Wahl zusammen und genießen Sie dabei die tolle Innenausstattung mit ihren Strohballen und tonnenförmigen Tischen. Es kann auch durchaus vorkommen, dass ein übel gelaunter Revolverheld plötzlich das Restaurant betritt und Sie finster anschaut...

Live-Musik im Saloon

Wer einfach nur einen kleinen Drink zu sich nehmen will, ist im *Red Garter Saloon* goldrichtig. Gerade am Abend lohnt sich ein Besuch wirklich, da hier nicht nur normale Getränke und köstliche Cocktails serviert werden – die Country-Musik, die dort zu späterer Stunde live gespielt wird, sorgt dafür, dass hier immer eine gute und ausgelassene Stimmung herrscht.

Da sich das *Cheyenne* hauptsächlich an Familien richtet, gibt es dementsprechend natürlich gerade für Kinder ein großes Angebot. Im *Fort Apache* können sie nach Herzenslust herumklettern und die vielfältigen Spielgeräte nutzen – ein echtes Tipi-Dorf aus Büffelleder gleich daneben wartet nur darauf, entdeckt zu werden. Auch Ponyreiten ist in diesem Hotel kein Problem.
Wenn man noch tiefer in die Atmosphäre des Wilden Westens eintauchen möchte, kann man sich im *General Store* mit diversem Cowboyzubehör und -spielzeug eindecken – schließlich hat man ja nicht oft die Möglichkeit, in einem authentischem Western-Geschäft einzukaufen. ■

DISNEY'S SEQUOIA LODGE

Das Hotel im Grünen

Falls Sie Ihren Aufenthalt bei Disney lieber etwas ruhiger gestalten möchten, ist das *Sequoia Lodge* die allererste Wahl. Umgeben von einem großen Nadelwald, wirkt das direkt am Rande des *Lake Disney* gelegene Hotel wie ein stiller Zufluchtsort in einem amerikanischen Nationalpark – das Gebäude mit seiner Fassade aus braunen Steinen und rotem Holz könnte auch genauso irgendwo in den Rocky Mountains stehen.

Yosemite lässt grüßen

Der verantwortliche Architekt Antoine Grumbach hat hier ein Hotel geschaffen, das eine unglaublich gemütliche Ruhe ausstrahlt und seine Gäste nach einem aufregenden Tag in den beiden Parks ein wenig durchatmen lässt. Als Symbol dieser Ruhe steht dann auch gleich am Eingang des *Sequoia Lodge* eine riesige libanesische Zeder, die die Naturverbundenheit dieses Hotels eindrucksvoll unterstreicht. Ein ausgedehnter Spaziergang durch die dichte Nadelwald-Landschaft mit ihrer reichen Tierwelt sollte daher auch keinesfalls versäumt werden.

Die Thematisierung des Außengeländes findet sich natürlich auch in den insgesamt 1011 Zimmern und 14 Suiten wieder: Warme Hölzer, Patchwork-Tagesdecken für zwei französische Betten oder ein Kingsize-Bett sowie diverse Landschaftsbilder an den Wänden sorgen dafür, dass auch dort alles authentisch wirkt. Ein Schaukelstuhl in den Räumen gehört ebenso wie eine Klimaanlage zur Grund-

---

Disney's Sequoia Lodge

Kategorie: 3 Schlüssel
Zimmer: 1011 und 14 Suiten

Zimmerausstattung: Telefon, TV, Klimaanlage, separates Badezimmer (Zimmer für Rollstuhlfahrer sind vorhanden)

Service: Kostenloser Pendelbus zu den Parks, Gepäckaufbewahrung, kostenloser Parkplatz, Safe an der Rezeption, Wechselstube, chemische Reinigung

Freizeiteinrichtungen: Schwimmbad, Fitnessraum, Sauna, Dampfbad, Massage, Solarium, Kinderecke, Kinderspielplatz, Videospielhalle, Animation

Restaurants: Hunter's Grill, Beaver Creek Tavern
Bars: Redwood Bar and Lounge

Die Zimmer können am Anreisetag ab 15 Uhr bezogen werden und müssen am Abreisetag bis 11 Uhr geräumt sein.

Disney's Sequoia Lodge

ausstattung. Dabei wurden die einzelnen Zimmer verteilt auf das Hauptgebäude am See und fünf weitere kleinere Lodges, die am *Rio Grande* liegen und die Namen bedeutender amerikanischer Nationalparks tragen: Big Sur, Monterrey, Sierra, Yellowstone und Yosemite.

Das *Sequoia Lodge* bietet seinen Gästen gleich zwei Restaurants: Das *Beaver Creak Tavern* und das *Hunter's Grill*, wobei letzteres ein großes Büffett mit den verschiedensten Spezialitäten der internationalen Küche bietet. Beide Restaurants sind rustikal eingerichtet und erinnern mit ihrer gemütlichen Atmosphäre an abgelegene Berghütten in den USA.

So groß kann ein Kamin sein...

In der *Redwood Bar and Lounge* können Sie dann anschließend noch mit einem kühlen Bier oder einer heißen Schokolade in der Hand die lodernden Flammen in einem insgesamt 15 Meter breiten, echten Kamin bestaunen. Diese Bar wurde edel ausgestattet mit bequemen Ledersesseln und Holzparkett und ist nicht nur an kalten Abenden ein willkommener Ort zur Entspannung.

Für die sportliche Ertüchtigung oder auch einfach nur zum Relaxen steht der *Quarry Pool and Health Club* am Ufer des *Rio Grande* in einer weiteren Lodge zur Verfügung. Dort gibt es nicht nur ein schönes Schwimmbad mit mehreren kleinen Wasserfällen, sondern auch eine Sauna, verschiedene Fitnessgeräte und sogar ein Türkisches Bad.

Zum weiteren Angebot des *Sequoia Lodge* gehören noch der *Northwest Passage*-Shop, in dem man alle möglichen Souvenirs zum Thema der amerikanischen Nationalparks finden kann, ein Kinderspielplatz und eine Videospielhalle. ■

Gleich hinter dem Leuchtturm

Wenn Sie mit dem Auto nach *Disneyland Resort Paris* anreisen, ist das *Newport Bay Club* das erste Gebäude, das Sie sehen werden. Schon von weitem sticht die klassische Eleganz des Hotels sofort ins Auge. Hier wurde erfolgreich versucht, das Flair eines Seebades in New England zu Beginn des letzten Jahrhunderts einzufangen. Die strahlend helle Fassade, die kleinen verspielten Schieferdächer, die blau-weißen Markisen an den Fenstern – all dies lässt den Gast glauben, er wäre tatsächlich irgendwo in Newport auf Rhode Island.

Eine Seefahrt, die ist lustig...

Robert A.M. Stern, der bereits das *Cheyenne* entworfen hat, ist es mit dem *Newport Bay Club* gelungen, eine wirklich einmalige Atmosphäre zu schaffen. Der Haupteingang liegt direkt am *Lake Disney*, der dort dank eines tatsächlich funktionierenden Leuchtturms wie ein verträumter Yachthafen wirkt. Außerdem ist die komplette Fassade mit unzähligen kleinen Lämpchen versehen, die bei Anbruch der Dunkelheit das gesamte Gebäude in ein unbeschreibliches Lichtermeer verwandeln.

Dieses Hotel ist das größte im gesamten *Disneyland Resort Paris* und verfügt über insgesamt 1093 Zimmer und 13 Suiten, die ein wenig wie luxuriöse Schiffskabinen wirken. Passend dazu sind die Zwischentüren auf den langen Fluren des Hotels mit Bullaugen versehen. Blau-weiße Tapeten, Gardinen mit Segelschiff-Motiven und Messingverzierungen

---

Disney's Newport Bay Club

Kategorie: 3 Schlüssel
Zimmer: 1093 und 13 Suiten

Zimmerausstattung: Telefon, TV, Klimaanlage, Minibar, Safe, separates Badezimmer (Zimmer für Rollstuhlfahrer sind vorhanden)

Service: Kostenloser Pendelbus zu den Parks, Gepäckaufbewahrung, kostenloser Parkplatz, Safe an der Rezeption, Wechselstube, chemische Reinigung, Waschautomat

Freizeiteinrichtungen: Schwimmbad, Fitnessraum, Sauna, Dampfbad, Massage, Solarium, Kinderecke, Kinderspielplatz, Videospielhalle, Animation

Restaurants: Yacht Club, Cape Cod
Bars: Fisherman's Wharf Bar, Captain's Quarters Bar

Die Zimmer können am Anreisetag ab 15 Uhr bezogen werden und müssen am Abreisetag bis 11 Uhr geräumt sein.

Disney's Newport Bay Club

unterstreichen das maritime Thema in den Zimmern, die entweder über zwei französische Betten oder ein Kingsize-Bett verfügen. Viele Zimmer bieten einen wunderschönen Ausblick auf den *Lake Disney* und den Leuchtturm, der Ihnen abends den Weg zum Hotel weisen wird.

Es dürfte wohl keine sonderliche Überraschung sein, dass sich in einem der beiden Restaurants des Hotels, dem *Yacht Club*, alles hauptsächlich um Fischgerichte jeglicher Art dreht. Die detaillierte Innenausstattung mit dunklem Holz, Segelschiffmodellen oder einem großen Aquarium sorgt dafür, dass das Essen hier zu einem ganz besonderen Erlebnis wird.
Wenn Sie eher die mediterrane oder europäische Küche bevorzugen, sollten Sie dem Büffett-Restaurant *Cape Cod* einen Besuch abstatten, wo man während des Essens die Möwen beobachten kann, die sich ständig am See tummeln.

Ein Schiff im Schwimmbad

Gleich zwei Bars stehen den Gästen im *Newport Bay Club* zur Verfügung, in denen zum Beispiel sehr gute Longdrinks oder Cocktails serviert werden: die *Fisherman's Wharf Bar* innerhalb der Lobby und die noblere *Captain's Quarters Bar*.
Mit dem *Nantucket Pool and Health Club* bietet dieses Hotel ein wirklich schönes Schwimmbad mit Fitnesscenter, das in einem Glaspavillon in einem Nebengebäude untergebracht wurde. Das Innere der Badehalle wird von einem riesigen Schiff dominiert, welches das maritime Thema als Blickfang auch hier fortsetzt.

Ein reichhaltiges Angebot an Souvenirs zum Thema „Seefahrt" gibt es in der *Bay Boutique*, teilweise sogar mit dem Logo des Hotels versehen. Kinder können sich auf einem Spielplatz in der Lobby und im *Sea Horse Club Game Room* vergnügen. ∎

Übernachten im Big Apple

Die amerikanische Ostküstenmetropole New York stand Pate für dieses gleichnamige Luxushotel, das mit der unterschiedlich hohen bunten Fassade an die berühmteste Skyline der Welt erinnert. Wenn die Gäste gleich am Eingang von einem Pagen freundlich begrüßt werden, wird sofort deutlich, dass man hier etwas ganz Besonderes erleben darf. Schon Frank Sinatra hat in seinem wohl bekanntesten Hit von New York geschwärmt – dieses im Art-déco-Stil der 1930er Jahre gebaute Hotel ist eine weitere Hommage an die Stadt, die niemals schläft.

Mitten im Leben

Gleich neben dem *Disney Village* errichtet, ist im *New York* eigentlich immer etwas los. Vor dem achtstöckigen Hauptgebäude, das sich stark an den Stil des Rockefeller Center anlehnt, befindet sich der *Rockefeller Plaza*, der sich im Winter in eine zauberhafte Eislauffläche verwandelt. Große Wasserfontänen und kleine Lichtergirlanden in den vielen Bäumen sorgen gerade am Abend für die stilechte Wirkung dieses ungewöhnlichen Hotels, das vom Architekten Michael Graves konzipiert wurde.

In 565 Zimmern und 27 Suiten, die sich auf das Hauptgebäude direkt am *Lake Disney* und zwei angrenzende vierstöckige Flügel verteilen, wird dem Gast im *New York* jeder erdenkliche Luxus geboten. Eine Lampe in Form des Empire State Building, Motive der

---

Disney's Hotel New York

Kategorie: 4 Schlüssel
Zimmer: 565 und 27 Suiten

Zimmerausstattung: Telefon, TV, Klimaanlage, Minibar, Fön, Safe, separates Badezimmer (Zimmer für Rollstuhlfahrer sind vorhanden)

Service: Kostenloser Pendelbus zu den Parks, Gepäckaufbewahrung, Zimmerservice, Autoparkservice, kostenloser Parkplatz, Safe an der Rezeption, Wechselstube, chemische Reinigung, Friseur- und Schönheitssalon

Freizeiteinrichtungen: Schwimmbad, Fitnessraum, Sauna, Dampfbad, Massage, Solarium, Tennisplatz, Kinderecke, Videospielhalle, Animation

Restaurants: Manhatten Restaurant, Parkside Diner
Bars: New York City Bar

Die Zimmer können am Anreisetag ab 15 Uhr bezogen werden und müssen am Abreisetag bis 11 Uhr geräumt sein.

Disney's Hotel New York

Freiheitsstatue und natürlich der schon erwähnte Art-déco-Stil – alles erinnert in den Räumen an den „Big Apple", wie die Amerikaner ihre Weltstadt liebevoll nennen. Die Zimmer sind auch hier entweder mit zwei französischen Betten oder einem Kingsize-Bett ausgestattet und lassen absolut keine Wünsche offen.

Im *Manhattan Restaurant* erwarten den Gast eine exzellente italienische Küche und erlesene Weine in einer äußerst noblen und eleganten Umgebung. Eine etwas lockere Atmosphäre bietet das *Parkside Diner*, das mit seiner Tex-Mex-Küche und der Art-déco-Einrichtung mit vielen Chrom-Verzierungen auf ganzer Linie überzeugt.

Ein Jazz-Abend in Downtown

Die *New York City Bar* überrascht nicht nur mit diversen köstlichen Drinks und dem authentischen Flair einer echten Bar in Manhattan. Auch der nahezu unglaublich gute Live-Jazz, der dort geboten wird, sollte für Liebhaber dieser Musik schon alleine ein Grund sein, dieser Bar nach dem Essen einen Besuch abzustatten.

Eine perfekte Symbiose aus Bad und Sportclub stellt der *Downtown Athletic Club* dar, der seinen Gästen nicht nur zwei miteinander verbundene Schwimmbecken bietet, sondern auch einen gut ausgestatteten Fitnessbereich und sogar die Möglichkeit zu einem kleinen Tennismatch. Wer sich einfach nur etwas entspannen möchte, kann alternativ das Solarium, die Sauna oder den Massagebereich besuchen.

Allerlei Artikel, die sich thematisch mit den USA und deren bekanntester Metropole beschäftigen, kann man in der *New York Boutique* kaufen, damit der Aufenthalt in diesem beeindruckenden Hotel auch wirklich unvergessen bleibt. ■

Übernachten first class

Als die Entwickler des *Disneyland Park* nach Entwürfen für den Eingangsbereich suchten, waren sie von der Idee ganz angetan, gleich ein Hotel an die Stelle des Tores zum magischen Königreich der Maus zu setzen. Ganz im Stil der viktorianischen Zeit wurde es komplett von der eigenen Imagineeringabteilung entwickelt und verwirklicht.

Natürlich sollte gerade dieses Hotel das prächtigste und verträumteste von allen werden und jedem Gast als Sinnbild des perfekten Urlaubserlebnisses dienen.
Das *Disneyland Hotel* ist ein First-Class-Hotel und bietet in seinen 473 Zimmern und 21 Suiten Disney-Feeling pur.

Exklusivität und Luxus

Beim Betreten der glamourösen Eingangshalle erhält der Gast den ersten Vorgeschmack auf das, was ihn in den Zimmern und Suiten erwartet. Dies gilt besonders für die Suiten des exklusiven *Castle Club*, der sich in den obersten Etagen des Hotels befindet. Diese spielen nämlich sogar in der Luxusklasse mit. Alle Zimmer sind geschmackvoll eingerichtet, die Farben der Einrichtung und der Wände werden von warmen Holztönen und Rosa bestimmt und die sehr großen Badezimmer bieten den Gästen viel Bewegungsspielraum.

Mit etwas Glück erhält man vielleicht sogar eines der Zimmer in den schmucken kleinen Türmchen des Hotels und hat dann auch einen kleinen Balkon, dessen Zugangstür alleine schon einen prunkvollen Eindruck macht.

Disneyland Hotel

Kategorie: 4 Schlüssel
Zimmer: 473 Zimmer und 21 Suiten

Zimmerausstattung: Telefon, TV, Klimaanlage, Minibar, Fön, Safe, separates Badezimmer (Zimmer für Rollstuhlfahrer sind vorhanden)

Service: Gepäckaufbewahrung, Zimmerservice, Autoparkservice, Parkplatz, Safe an der Rezeption, Wechselstube, chemische Reinigung

Freizeiteinrichtungen: Hallenbad, Fitnessraum, Sauna & Dampfbad, Massage, Solarium, Boutique, Kinderecke, Videospielhalle, Animation

Restaurants: California Grill, Inventions
Bar: Café Fantasia

Die Zimmer können am Anreisetag ab 15 Uhr bezogen werden und müssen am Abreisetag bis 11 Uhr geräumt sein.

Disneyland Hotel

Die Zimmer, die allesamt mit Fernsehgeräten, Radio, zwei Telefonen (jeweils eines davon im Badezimmer und im Schlafzimmer untergebracht), Minibar, Fön und Klimaanlage ausgestattet sind, können jeweils entweder mit zwei französischen Betten oder einem Kingsize-Bett sowie einem Sofa gebucht werden. Selbstverständlich gehören auch extra flauschige Bademäntel in diesem Hotel dazu.

Der Zimmerservice steht rund um die Uhr zur Verfügung und serviert gegen Aufpreis auch ein opulentes Frühstück auf dem Zimmer. Ansonsten stehen für das Frühstück die Restaurants *California Grill* und *Inventions* zur Verfügung. Im *Inventions* findet auch das Frühstück mit den Disneyfiguren statt – ein Traum für die Kinder, die Mickey & Co. so gleich ganz hautnah erleben können.

Standesgemäße Ausstattung

Selbstverständlich verfügt das *Disneyland Hotel* auch über einen eigenen Swimmingpool, einen Fitnessraum, eine Sauna, ein Dampfbad, ein Solarium und einen Massageraum. Entspannung nach einem anstrengenden Parktag ist also garantiert. Dank dem hervorragenden Service und dem luxuriösen Ambiente trifft man in diesem Hotel öfters auch mal den einen oder anderen Prominenten. Halten Sie einfach mal die Augen offen – vielleicht haben Sie ein Zimmer gleich neben Ihrem Lieblingsstar?

Achten Sie einmal auf die Bilder, die die Flure zu den Restaurants und dem Shop schmücken: Hier sehen Sie einige frühe Designentwürfe für das Hotel, die umliegenden Gartenanlagen sowie die *Mainstreet U.S.A.* Gerade

Disneyland Hotel

für Fans von *Disneyland Resort Paris* dürften diese sehr interessant sein!

Restaurants und Bars

California Grill – dieses exklusive Restaurant ist auf französische Küche spezialisiert, die hier den höchsten Ansprüchen genügen kann. In einem sehr stilvollen Ambiente werden Gaumenfreuden allererster Güte serviert und jeder Gourmet wird vom Angebot dieses Restaurants beeindruckt sein.

Die Weinkarte bietet ein reichhaltiges Angebot an Weinen aus aller Welt, vor allem aber aus dem kalifornischen Nappa Valley (z.B. Mondavi, Stag's Leap). Aber auch große Weine nichtkalifornischer Herkunft gibt es in großer Auswahl (z.B. Chateau Mouton Rothschild u.a.). Zu erwähnen ist aber auch, dass ein Essen in diesem Restaurant kein billiges Vergnügen ist, denn man muss für ein Fünf-Gänge-Menü mit Champagner, gutem Wein, Wasser, Kaffee und Cognac 100 bis 150 Euro pro Person veranschlagen.

Achten Sie daher auf die besonderen Angebote für Menüs, bei denen in einem vergleichsweise günstigen Preis Vorspeise, Hauptgericht und Nachspeise enthalten sind. Die Preise der Weine erstrecken sich von circa 20 bis 350 Euro pro Flasche. Das Speisen in diesem Restaurant ist aber sicherlich jeden Euro wert!

Im *Inventions* wird dem Gast ein reichhaltiges Büfett mit internationalen Spezialitäten geboten. Die Gerichte reichen von exotischen Gaumenfreuden bis zu Steaks und anderen Genüssen. Auch ein großes Nachspeisenbüfett steht dem Gast offen. Die Gestaltung dieses Restaurants ist den großen Erfindungen der Jahrhundertwende gewidmet.
An ausgewählten Terminen gesellen sich Disneyfiguren zu den Gästen des Restaurants *Inventions*.

Café Fantasia

Das *Café Fantasia* ist eine wunderschöne Kombination aus Bar und Café, wo auch

Disneyland Hotel

kleine Snacks serviert werden. Die gesamte Gestaltung dieses Cafés ist der Musik gewidmet und lehnt sich stark an den berühmten Filmklassiker „Fantasia" an. Hier herrscht ein wundervolles Ambiente, das sich gut dafür eignet, einen schönen Abend nach einem Essen in einem der Restaurants ausklingen zu lassen. Jeden Abend gibt ein Pianist sein Können zum Besten. Das Programm dieser Künstler beinhaltet Stücke aus allen möglichen Musikbereichen. Wenn der Abend länger wird, kann es auch schon einmal vorkommen, dass die Bedienungen sich an die Seite der Pianisten stellen werden und die Lieder gesanglich begleiten.

Die Cocktails, die an der Bar gemixt werden, lassen keine Wünsche offen. Insbesondere sollte man einmal Cocktails bestellen, die nicht auf der Karte stehen, man wird sehr positiv überrascht werden. Für einen ruhigen, gemütlichen Abend ist diese Bar eine der besten Anlaufstellen im Resort. Neben diesen Restaurants bietet der *Castle Club* zusätzlich einen Salon, der den Mietern der Suiten vorbehalten ist. Hier werden den ganzen Tag kostenlos alkoholfreie Getränke und Snacks serviert.

Merchandise, Service und Kinderspaß

In der *Galerie Mickey* gibt es Standard-Disney-Souvenirs, Plüschtiere, *Disneyland Hotel*-Souvenirs sowie Kleidungsstücke der Marke Donaldson. Außerdem befinden sich in der Nähe des Schwimmbads die *Mad Hatters Videospielearkade* und ein Spiel- und Aufenthaltsraum. Sollte man einen Abend ohne seine Kinder verbringen wollen, steht auch ein Babysitter-Service zur Verfügung.

Alles in allem bietet dieses Hotel die luxuriöseste Möglichkeit, einen Urlaub im Resort zu verbringen. Trotzdem sollte ein echter Fan es nicht versäumen, einmal ein paar Tage in diesem Hotel zu residieren. ■

Blockhütten mitten im Wald

Für Gäste von *Disneyland Resort Paris*, die eher eine ruhige, naturbelassene Umgebung für ihren Aufenthalt suchen, ist die *Davy Crockett Ranch* genau das Richtige.

Etwa 15 Autominuten von den beiden Themenparks entfernt, kann man dort mitten in einem riesigen Waldgebiet in 498 komfortablen Bungalows übernachten. Hektik und Stress sind hier ein absolutes Fremdwort – die Stille des Waldes wird nur durch den Gesang von Vögeln unterbrochen.

Nicht nur für Selbstversorger

Bei der Ankunft können Sie mit Ihrem Auto direkt vor die einzelnen Hütten fahren und dort auf speziellen Stellplätzen parken. Das große Waldareal selbst erkundet man am besten mit Fahrrädern oder Elektroautos, die dort verliehen werden. Aber auch ein Spaziergang an der frischen Luft kann hier sehr entspannend wirken – und genug zu sehen gibt es dabei allemal.

Die Holzbungalows wirken zwar etwas rustikal, bieten aber trotzdem den Komfort eines Hotelzimmers und sind für vier bis sechs Personen konzipiert. Zur Ausstattung gehören ein großes Wohnzimmer mit Fernseher, Radio und Telefon, ein beziehungsweise zwei Schlafzimmer, eine gut ausgerüstete Küche und ein Badezimmer. Außerdem befindet sich vor jeder Blockhütte ein Holzkohlegrill mit Picknicktisch für einen sommerlichen Barbecue-Abend mitten im Grünen.

Wenn man der Straße, die zu den einzelnen Häusern führt, weiter folgt, erreicht man in

---

Disney's Davy Crockett Ranch

Kategorie: 2 Schlüssel
Blockhütten: 498

Bungalowausstattung: Telefon, TV, separates Badezimmer, Grillplatz, Picknicktisch

Service: Kostenloser Parkplatz, Safe an der Rezeption, Wechselstube, Waschautomat

Freizeiteinrichtungen: Schwimmbad, Tennisplatz, Kinderecke, Kinderspielplatz, Videospielhalle, Animation, Ponyreiten, Bogenschießplatz, Fahrradverleih mit Parcours, Indianerdorf, Tiergehege, Sportplätze, Hochseilgarten

Restaurants: Crockett's Tavern
Bars: Saloon

Die Bungalows können am Anreisetag ab 15 Uhr bezogen werden und müssen am Abreisetag bis 11 Uhr geräumt sein

Disney's Davy Crockett Ranch

einem kleinen Dorf die diversen Einrichtungen der *Davy Crockett Ranch*. Wer sich in den Bungalows nicht selbst versorgen möchte, kann dort im *Crockett's Tavern* bei den verschiedensten Grillspezialitäten seinen persönlichen Favoriten auswählen. Das Restaurant wirkt auf den ersten Blick vielleicht etwas schlicht, aber die Küche ist wirklich hervorragend und bietet etwas für jeden Geschmack.

Musik im Freien

Es kann durchaus sein, dass auf dem großen Dorfplatz mit seinen zahlreichen Sitzgelegenheiten abends eine Country-Band zum Tanz aufspielt. Wenn man während dieser Veranstaltung etwas trinken möchte, kann man sich einfach im *Saloon* einen kühlen Drink holen und sich draußen niederlassen. Wer seine Getränke lieber in Ruhe genießen will, kann dies natürlich auch in der kleinen Bar selbst tun. Auf dem Weg zurück in Ihr Domizil können Sie noch einen kleinen Stopp im *Alamo Trading Post* machen, einem kleinen Geschäft, das vor allem Artikel im Westernstil führt.

Blue Springs Pool

Eine kleine Attraktion für sich ist der *Blue Springs Pool*, ein wunderschön gestaltetes Spaßbad im Westernstil mit versteckten Whirlpools, einer Wasserrutsche und einer hölzernen Brücke in Form eines Forts, die über eines der mehreren Schwimmbecken führt. Dieses Badeparadies für die ganze Familie ist bei einem Aufenthalt in der *Davy Crockett Ranch* ein absolutes Muss und sollte wenn möglich auch genutzt werden.

Das Freizeitangebot auf dem gesamten Gelände ist schier unendlich und bietet vom Ponyreiten über ein Tiergehege bis zu einem Indianerdorf mit Lagerfeuer alles, was das Kinder- und Erwachsenenherz begehrt. ∎

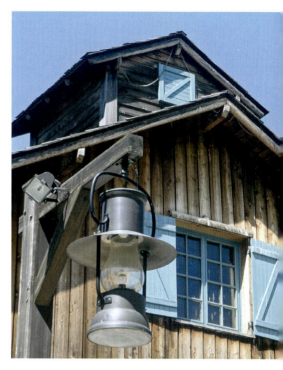

Kyriad Hotel

Das französische Dorf

Das 2003 neu eröffnete *Kyriad* ist der Region Brie gewidmet und liegt direkt am See des Val de France. Die 300 Zimmer des Hotels bieten für diese Preisklasse erstaunlich viel Luxus. Eine Klimaanlage sorgt hier selbst an heißen Tagen für angenehme Temperaturen, das Badezimmer ist mit einem Fön ausgestattet und sogar ein kleiner Wasserkocher für Kaffee oder Tee steht zur Verfügung. Wenn man auf dem gemütlichen Doppelbett liegt und aus dem Fenster schaut, kann man (je nach Lage) einen wunderschönen Ausblick auf den See und die Gartenlandschaften genießen. Außerdem verfügt jedes Zimmer über ein weiteres Etagenbett.

Restaurant mit Ausblick

In der Mitte zwischen den beiden Hauptflügeln des Hotels kann man sich im *Panorama Restaurant* von den Vorzügen der französischen Küche überzeugen lassen. Aber auch Gerichte wie Spaghetti oder ein exzellentes Salatbüfett gehören zur Speisekarte.

Zwei Bars laden zusätzlich dazu ein, den Abend nach einem aufregenden Tag in den beiden Themenparks von *Disneyland Resort Paris* gemütlich ausklingen zu lassen.

In einer kleinen Boutique im Erdgeschoss des Hauptgebäudes kann man natürlich wie in allen Hotels des Resort verschiedene Disney-Souvenirs kaufen. Auch wenn die Auswahl nicht so üppig zu sein scheint, werden Sie hier sicherlich auf Ihrer Suche nach Mitbringseln aus *Disneyland Resort Paris* schnell fündig werden. ■

Kyriad Hotel

Kategorie: 2 Sterne
Zimmer: 300

Zimmerausstattung: Telefon, TV, Klimaanlage, Fön, separates Badezimmer (Zimmer für Rollstuhlfahrer sind vorhanden)

Service: Kostenloser Pendelbus zu den Parks, Gepäckaufbewahrung, kostenloser Parkplatz, Wechselstube

Freizeiteinrichtungen: Disney Boutique, Kinderecke

Restaurants: Panorama Restaurant
Bars: 2

Die Zimmer können am Anreisetag ab 15 Uhr bezogen werden und müssen am Abreisetag bis 11 Uhr geräumt sein.

Thomas Cook's Explorers Hotel

Die Artefakte von Sir Archibald

Das alte Herrenhaus von Sir Archibald de Bacle dient heute den Besuchern von *Disneyland Resort Paris* als Hotel und auch gleichzeitig als Möglichkeit, in die Zeiten der großen Entdeckungen vergangener Tage einzutauchen. Die Zimmer (auch „Crew Rooms" genannt) sind mit einem französischen Doppelbett und zwei Einzelbetten ausgestattet. Ein Deckenventilator sorgt für eine sehr schöne altmodische Stimmung, deren Abenteuer-Stil auch bei der sonstigen Einrichtung konsequent weitergeführt wurde.

Im *Captain's Library* bekommen Sie jederzeit alle möglichen Köstlichkeiten der allgemeinen europäischen Küche serviert. Wenn Sie eher an einem etwas lebhafteren Ort speisen möchten, können Sie dies auch alternativ im *Plantation Restaurant* tun: Hier gibt es an diversen Marktständen Gerichte aus aller Herren Länder – passend zu den langen Reisen des Sir Archibald de Bacle.

Das tropische Atrium

In einem tropischen Atrium findet man ein wunderschön angelegtes Schwimmbad, an dessen Rande das einst von Sir Archibald gefundene Piratenschiff seine letzte Heimat gefunden hat. Gerade für Kinder bietet dieses Schiff sehr viel Spaß, können sie doch im Inneren des Wracks in die Fußstapfen des Entdeckers treten. Das Freizeitangebot wird von dem Indoor-Spielplatz *Scally Wagg's Jungle Adventures* und der Videospielhalle *Harry's Action Zone* abgerundet. ∎

Thomas Cook's Explorers Hotel

Kategorie: 3 Sterne
Zimmer: 400 (darunter auch Familienzimmer für 6 Personen)

Zimmerausstattung: Telefon, TV, Fön, Safe, separates Badezimmer (Zimmer für Rollstuhlfahrer sind vorhanden)

Service: Kostenloser Pendelbus zu den Parks, Gepäckaufbewahrung, kostenloser Parkplatz, Wechselstube

Freizeiteinrichtungen: Hallenbad, Kinderecke, Videospielhalle, Animation

Restaurants: Captain's Library, Plantation Restaurant
Bars: Traders Cafe Bar, Far Horizons Terrace, Smuggler's Tavern

Die Zimmer können am Anreisetag ab 15 Uhr bezogen werden und müssen am Abreisetag bis 11 Uhr geräumt sein.

Vienna International Magic Circus Hotel

Außen Landsitz, innen Zirkus

Das in typisch französischem Stil gehaltene *Vienna International Magic Circus Hotel* verfügt insgesamt über 400 Zimmer und folgt dem Thema Val de France, indem es sich als ausgedehnte Variante eines französischen Landsitzes präsentiert. Von der Terrasse des Hotels aus blickt man auf einen See und das anschließende Waldgebiet des Val de Morin. Betritt man jedoch das Hotel, erlebt man eine große Überraschung: Im Inneren ist alles dem Thema Zirkus gewidmet.

Entsprechend bunt und ansprechend für Kinder sind bereits die Lobby und das hohe Dach des Mittelsegmentes gestaltet. Neben den Clowns und Zirkusartisten, die das Ambiente unterstreichen, bietet das Hotel noch einen Indoor-Pool, einen Fitnessraum, eine Videospielhalle und einen Spielplatz.

Alles ist betont familienfreundlich – bis hin zu den „Kids-Room"-Zimmern, die mit eigenen Kinderbereichen ausgestattet wurden. Für die Erwachsenen stehen ein französisches Doppelbett, Satelliten-TV, Radio, Telefon, Safe, Fön und Klimaanlage sowie ein (gebührenpflichtiger) Internetzugang zur Verfügung. Im einzigen Restaurant des Hauses, *Le Saltimbanque*, serviert man sowohl französische als auch internationale Speisen.

Einen gemütlichen Ausklang des Tages kann man dann am Abend in der Bar *Funambule* finden, wenn der moderne Kamin im Zentrum des Raumes Gemütlichkeit und behagliche Wärme ausstrahlt. ∎

Vienna International Magic Circus Hotel

Kategorie: 4 Sterne
Zimmer: 400

Zimmerausstattung: Telefon, TV, Klimaanlage, Fön, Safe, separates Badezimmer (Zimmer für Rollstuhlfahrer sind vorhanden)

Service: Kostenloser Pendelbus zu den Parks, Gepäckaufbewahrung, Zimmerservice, kostenloser Parkplatz, Wechselstube, chemische Reinigung

Freizeiteinrichtungen: Hallenbad, Fitnessraum, Boutique, Kinderecke, Kinderspielplatz, Videospielhalle, Animation

Restaurant: Le Saltimbanque
Bar: Funambule

Die Zimmer können am Anreisetag ab 15 Uhr bezogen werden und müssen am Abreisetag bis 11 Uhr geräumt sein.

Vienna International Dream Castle Hotel

Ein zweites Schloss im Disneyland Resort Paris

Das *Vienna International Dream Castle Hotel* lädt seine Gäste ein, die Nächte in einem wirklich königlichen Domizil zu verbringen. Hier können Sie sich wie ein Herrscher über das gesamte Gebiet rund um den angrenzenden See fühlen und Ihre Kinder nebenbei zu Prinzen und Prinzessinnen krönen.

Die edlen Räumlichkeiten bieten Platz für bis zu vier Personen und sind mit allem Erdenklichen ausgestattet. So findet man nicht nur eine Klimaanlage, einen Fön, TV oder eine Minibar – selbst ein Internetanschluss steht hier gegen Gebühr zur Verfügung.

Im Restaurant *Musketeer's* wartet neben den drei namensgebenden Musketieren ein reichhaltiges Büfett auf die Gäste, während Sie im *Sanssouci* in einer sehr schönen Atmosphäre à la carte essen können.

In der Bar *Excalibur* kann man nicht nur versuchen, das bekannte Schwert aus dem Stein zu ziehen, sondern auch die verschiedensten Drinks in einer magisch angehauchten Umgebung ausprobieren.

Nach einem anstrengenden Tag warten in dem gar nicht so schmerzhaften Wellness-Bereich *Torture Chamber* eine Sauna, ein Dampfbad oder auch ein Solarium auf die Gäste für eine königliche Entspannung.

Kinder können sich derweil in dem hauseigenen Hallenbad *Dragon's Lagoon* mit integrierter Spiellandschaft vergnügen – in diesem Traumschloss ist halt alles möglich. ■

Vienna International Dream Castle Hotel

Kategorie: 4 Sterne
Zimmer: 400

Zimmerausstattung: Telefon, TV, Klimaanlage, Minibar, Fön, Safe, separates Badezimmer (Zimmer für Rollstuhlfahrer sind vorhanden)

Service: Kostenloser Pendelbus zu den Parks, Gepäckaufbewahrung, kostenloser Parkplatz, Wechselstube

Freizeiteinrichtungen: Hallenbad, Fitnessraum, Sauna, Dampfbad, Massage, Solarium, Kinderecke, Kinderspielplatz, Videospielhalle, Animation

Restaurants: Musketeer's, Sanssouci, Schlossgarten
Bars: Excalibur

Die Zimmer können am Anreisetag ab 15 Uhr bezogen werden und müssen am Abreisetag bis 11 Uhr geräumt sein.

Hotel l'Elysée Val d'Europe

Willkommen im 19. Jahrhundert

Mit seiner Original Pariser Architektur des 19. Jahrhunderts ist das *Hotel l'Elysée* ein echter Hingucker. Trotz der direkten Nähe zum riesigen Einkaufs- und Unterhaltungs-Center *Val d'Europe* sind die Themenparks des *Disneyland Resort Paris* nur wenige Minuten mit dem Pendelbus entfernt.

Die mit dunklem Holz modern eingerichteten Zimmer bieten genügend Platz für vier Personen und verfügen über ein Doppelbett und zwei einzelne Schlafsofas. Eine Klimaanlage gehört hier genauso zur Grundausstattung wie ein Fön, ein WIFI-Internetzugang oder ein Room Service.

Pop-Art im Restaurant

Das mit Pop-Art-Gemälden geschmückte Restaurant des Hotels bietet Gerichte aus der internationalen Küche und wird durch einen Innenhof von der Lounge-Bar und der Lobby getrennt. Wer nach dem Essen einen kleinen „Absacker" in der Bar trinken möchte, darf sich über einen riesigen Großbildfernseher für Sportübertragungen und große Panoramafenster mit direktem Blick auf die Straße vor dem Hotel freuen.

Ein Billard-Tisch und ein Internet-Terminal sorgen in der mit Marmorfußboden ausgestatteten Lobby dafür, dass sich die Erwachsenen nicht langweilen, wenn der Nachwuchs sich in einer kleinen Spielecke mit Zeichentrickfilmen oder in einer separaten Spielhalle vergnügt.

Für Geschäftsreisende gibt es außerdem noch drei Konferenzräume mit W-LAN. ∎

Hotel l'Elysée Val d'Europe

Kategorie: 3 Sterne
Zimmer: 152

Zimmerausstattung: Telefon, TV, Klimaanlage, Fön, Safe, separates Badezimmer (Zimmer für Rollstuhlfahrer sind vorhanden)

Service: Kostenloser Pendelbus zu den Parks, Gepäckaufbewahrung, Parkplatz kostenlos für Disney-Gäste – ansonsten kostenpflichtig

Freizeiteinrichtungen: Überdachte Spielecke, Videospielraum, Kinderkarussell

Restaurant: Le Pop Art
Bar: Lounge-Bar

Die Zimmer können am Anreisetag ab 15 Uhr bezogen werden und müssen am Abreisetag bis 11 Uhr geräumt sein.

Radisson SAS Hotel

Eleganz am Golfplatz

Eine perfekte Mischung aus sportlicher Eleganz und luxuriösem Ambiente bietet das wunderschöne *Radisson SAS Hotel*, das inmitten des Golfplatzes von *Disneyland Resort Paris* liegt.

Weit ab vom Trubel der beiden Themenparks oder des *Disney Village* findet man hier den idealen Ort, um inmitten von Natur ein wenig zu entspannen.

Aus diesem Grunde ist auch der Spa- und Wellness-Bereich des Hotels sehr großzügig ausgefallen. Neben Massage, Sauna, Dampfbad und Fitnessraum gibt es auch abgetrennte Ruhebereiche oder Farblichtstimulationen.

Wer für eine ausgiebige Runde Golf sein Equipment zu Hause vergessen haben sollte, kann dies im *Radisson SAS Hotel* problemlos leihen.

Die Zimmer sind großzügig geschnitten und verfügen über ein französisches Doppelbett sowie ein Doppelbettsofa. Sie bieten ein separates Badezimmer, Telefon, Internet, TV-Flachbildschirm mit internationalen Programmen, Minibar, Fön und natürlich auch einen Safe sowie einen Room Service.

Außerdem haben die meisten Zimmer einen wunderschönen Blick auf das anliegende Green des Golfplatzes.

Auf der Speisekarte des elegant-stilvollen *Pamplemousse Restaurant* finden sich hauptsächlich Spezialitäten der internationalen Küche. Kleinere Mahlzeiten und Drinks jeglicher Art gibt es in der noblen *Chardon Bar*. ∎

Radisson SAS Hotel

Kategorie: 4 Sterne
Zimmer: 250

Zimmerausstattung: Telefon, TV, Fön, Safe, separates Badezimmer (Zimmer für Rollstuhlfahrer sind vorhanden)

Service: Kostenloser Pendelbus zu den Parks, Parkplatz gegen Gebühr

Freizeiteinrichtungen: Sauna, Dampfbad, Fitnessraum, Massage, Spa-Pool, Spielecke

Restaurants: Pamplemousse
Bars: Chardon Bar

Die Apartments können am Anreisetag ab 15 Uhr bezogen werden und müssen am Abreisetag bis 12 Uhr geräumt sein.

Adagio City Aparthotel Val d'Europe

Selbstversorgung leicht gemacht!

Mitten im Val d'Europe liegt das *Adagio City Aparthotel Val d'Europe*, das im Stile eines herrschaftlichen Stadthauses, das um zwei Innenhöfe angelegt wurde, einen echten Geheimtipp für Selbstversorger darstellt.

Die insgesamt 290 Apartments sind zweckmäßig ausgestattet und sorgen mit einer eigenen Küchenecke samt Kochplatten und Kühlschrank für einen preisgünstigen und bequemen Familien-Aufenthalt. Die Apartments sind mit einem Schlafsofa für eine Person im Wohnraum und einem Doppelbett im Schlafzimmer ausgestattet. Einige davon verfügen über vier Etagenbetten und/oder über eine zusätzliche Dusche für eine größere Gästeanzahl sowie einen großen Balkon oder eine Terrasse.

In wenigen Minuten mit dem Pendelbus ins Resort

Das *Adagio City Aparthotel Val d'Europe* bietet ein beheiztes Schwimmbad, das allerdings nur von Mai bis September geöffnet ist.

Ansonsten steht den Gästen natürlich das gesamte Unterhaltungsprogramm des *Val d'Europe* sowie des *Disneyland Resort Paris* zur Verfügung, das mit dem Pendelbus in wenigen Minuten erreicht werden kann.

Der Zimmerpreis des familienfreundlichen Aparthotels umfasst neben der eigentlichen Übernachtung gemachte Betten vor der Ankunft, Handtücher, Reinigungsservice, einen wöchentlichen Bettwäsche- und Küchentuchwechsel sowie die Endreinigung. ■

Adagio City Aparthotel Val d'Europe

Kategorie: 3 Sterne
Zimmer: 290

Zimmerausstattung: Telefon, TV, Kühlschrank, Kochplatten, Mikrowelle, Geschirrspüler (Zimmer für Rollstuhlfahrer sind vorhanden)

Service: Kostenloser Pendelbus zu den Parks, Parkplatz gegen Gebühr

Freizeiteinrichtungen: Beheizter Außenpool

Restaurants: Frühstücksbüfett

Die Apartments können am Anreisetag ab 14 Uhr bezogen werden und müssen am Abreisetag bis 12 Uhr geräumt sein.

Disneyland Resort Paris von A bis Z

Disneyland Resort Paris von A bis Z

A-B

A

Anreise

Legen Sie Ihre Anreise nach *Disneyland Resort Paris* möglichst auf einen Wochentag. Sie umgehen so längere Staus auf den Autobahnen, reisen zu günstigeren Preisen mit Flugzeug oder Bahn und auch die Übernachtungskosten sind an diesen Anreisetagen günstiger. Selbst das Einchecken an der Hotelrezeption, die am Wochenende schnell überlaufen sein kann, geht deutlich schneller. Weitere Details zu Ihrer Anreise finden Sie auf Seite 139.

Aufenthaltsdauer

Es empfiehlt sich, mindestens drei Tage und zwei Nächte in *Disneyland Resort Paris* zu verbringen, um beide Themenparks entspannt genießen zu können. Rechnen Sie am besten auch Zeit für spontane Aktivitäten wie zum Beispiel einen Besuch des *Val d'Europe* oder des *Disney Village* ein.

B

Babys und Kleinkinder

In beiden Themenparks gibt es Baby Care Centers: Hier können Sie Mahlzeiten für Ihr Baby vorbereiten, es füttern und wickeln so-

Unten: Am Bahnhof, unmittelbar neben den Parks, laufen die verschiedenen Verkehrswege zusammen – Pendelbusse von den Hotels und Flughäfen und natürlich die TGVs und Regional-Züge.
Rechts: Einmal Prinzessin sein ...

Disneyland Resort Paris von A bis Z

B

wie Babynahrung und Ersatzwindeln kaufen. In den meisten Toiletten in den Parks stehen außerdem Wickeltische zur Verfügung.

Kinderwagen können je nach Verfügbarkeit in den Parks gegen eine Tagesgebühr ausgeliehen werden. In den Disney-Hotels stehen Babybetten kostenlos bereit. Bitte geben Sie dies als Kundenwunsch bei der Buchung an, da die Anzahl begrenzt ist. Babynahrung und Ersatzwindeln können in allen Hotelboutiquen gekauft werden. In allen Disney-Hotels gibt es Kinderecken mit Animation an bestimmten Terminen (nähere Infos dazu erhalten Sie in Ihrem Hotel). Alle Disney-Restaurants verfügen über Kinderhochstühle und spezielle Kinder-Menüs mit einem Überraschungsgeschenk.

Kinder unter drei Jahren können kostenlos im Zimmer der Eltern untergebracht werden und erhalten kostenfreien Eintritt in beide Disney-Parks. In Begleitung eines Erwachsenen haben sie Zugang zu vielen Attraktionen und zu allen Shows.

Baby Switch

An allen Attraktionen, die von Babys oder Kleinkindern nicht genutzt werden können, steht der sogenannte „Baby Switch" zur Verfügung: Ein Elternteil stellt sich in der Warteschlange der jeweiligen Attraktion an, während der andere Elternteil mit dem Kind draußen wartet. Der Elternteil, der zuerst fährt, weist den Mitarbeiter am Eingang der Attraktion darauf hin, dass er den Baby Switch

Disneyland Resort Paris von A bis Z

B

nutzen möchte und erhält dann ein Ticket, das er nach der Fahrt dem anderen Elternteil gibt. Dieser darf dann die Attraktion durch den Ausgang betreten, ohne sich anstellen zu müssen.

Besucher mit Behinderungen

In den Disney-Hotels gibt es spezielle, für Rollstuhlfahrer eingerichtete Zimmer. Gegen eine Tagesgebühr stehen je nach Verfügbarkeit in beiden Themenparks Rollstühle zur Verfügung. Behinderte Personen und eine Begleitperson haben einen gesonderten Zutritt zu den meisten Attraktionen.

Fragen Sie einfach in Ihrem Hotel oder beim Gäste-Service der Parks nach dem kostenlosen „Leitfaden für behinderte Besucher".

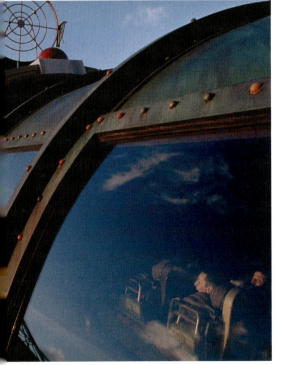

Oben: Cast Member bei der Arbeit
Unten: Fastpass-Attraktion Space Mountain
Rechts: Einkaufen in den thematisierten Shops des Resort macht einfach viel Spaß.

Besucher mit Lebensmittelallergien

Natama-Spezialmenüs decken fast 60 Lebensmittelallergien ab. Die zwei bis vier verschiedenen Menüs mit Vorspeise, Hauptgericht und Dessert werden in zahlreichen Restaurants angeboten.
Sämtliche Zutaten werden aufgezählt (es gibt keine versteckten Zutaten). Bitte wenden Sie sich bei Ihrer Ankunft an einen Mitarbeiter des Restaurants, der Ihnen mitteilt, welche Menüs dort angeboten werden. Ausführliche Informationen bekommen Sie an der Rezeption Ihres Hotels oder beim Gästeservice in den beiden Parks.

Disneyland Resort Paris von A bis Z
C – E

C

Cast Member

Die Mitarbeiter von *Disneyland Resort Paris* werden grundsätzlich als „Cast Member" bezeichnet. Sie schlüpfen in eine Rolle und vermitteln den Gästen so, wirklich mitten in einer anderen Welt zu sein. Die Bezeichnung klingt also absichtlich nach Film und Rollenspiel.

E

Einkaufen

Im nahen *Val d'Europe* finden Sie alle Läden des täglichen Bedarfs – von der Apotheke über einen großen Supermarkt bis zu einem Outlet-Center für hochwertige Kleidung. Für kleinere Einkäufe rund um die Uhr empfiehlt sich eine Tankstelle gleich neben *Disney's Hotel Santa Fe*.

Disneyland Resort Paris von A bis Z

F

F

Fastpass

An den beliebtesten Attraktionen in den Parks entstehen natürlich recht schnell lange Wartezeiten. Um den Gästen eine Alternative zu bieten, welche die Wartezeiten auf ein Minimum beschränkt, hat man sich hier etwas ganz Besonderes einfallen lassen: An Automaten, die in der Nähe der Attraktionseingänge aufgestellt wurden, können Sie kostenlose Tickets ziehen, die den Zugang zu einer wesentlich kürzeren Warteschlange ermöglichen. Auf diesen Tickets ist ein bestimmtes Zeitfenster aufgedruckt, in dem Sie sich dorthin begeben können. Im Prinzip ist der kostenlose Fastpass also ein Platzhalter, der im übertragenen Sinne Ihren Platz in der Warteschlange einnimmt. In der gewonnenen Zeit können Sie dann gemütlich essen gehen, durch die Shops bummeln oder eine weniger frequentierte Attraktion nutzen.

Ferienzeiten

Beachten Sie bei der Buchung nicht nur die deutschen, sondern auch und vor allem die Ferienzeiten in Frankreich. Besonders zu den Ferienzeiten ist *Disneyland Resort Paris* oft mehr als gut besucht, und Sie müssen sich auf längere Wartezeiten an den Attraktionen einstellen. Informationen zu den französischen Schulferien finden Sie im Internet und natürlich in Ihrem Reisebüro. Sie erkennen die bestbesuchten Tage an den besonderen Markierungen in den Reisekatalogen.

Disneyland Resort Paris von A bis Z

G

Links und oben: Spaß mit Disney-Figuren
Rechts: Der Tower of Terror

G

Geldautomaten

Geldautomaten finden Sie überall in den Disney-Parks, in *Disney's Newport Bay Club*, im *Thomas Cook's Explorer's Hotel*, im *Disney Village* und im Bahnhof Marne-la-Vallée/Chessy.

Gesundheitliche Einschränkungen

Aus Sicherheitsgründen gelten für einige Attraktionen besondere Vorschriften bezüglich der körperlichen Verfassung. Begrenzter Zutritt zu bestimmten Attraktionen besteht zum Beispiel für werdende Mütter, Personen, die unter Reisekrankheit leiden, eine medizinische Halskrause tragen oder Rücken-, Nacken- oder Herzbeschwerden sowie einen Herzschrittmacher haben.
Bitte berücksichtigen Sie die Hinweise am Eingang der Attraktionen. Erste-Hilfe-Stationen finden Sie in beiden Disney-Parks sowie im *Disney Village*.

Disneyland Resort Paris von A bis Z

G – O

Größenbeschränkungen

Einige Attraktionen haben Mindestgrößen und/oder Altersbeschränkungen, die der Sicherheit der Gäste dienen.

O

Öffnungszeiten

Die Disney-Parks sind täglich mindestens von 10 bis 18 Uhr geöffnet, an vielen Tagen auch länger. Die genauen Öffnungszeiten finden Sie unter www.disneylandparis.com – hier sind auch die Anfangszeiten für Shows und Paraden aufgeführt.

Unten: Auch die Anfangszeiten der Streetshows – hier High School Musical – finden sich im Parkplan.

Wichtige Größenbeschränkungen

Disneyland Park

Indiana Jones
Mindestgröße 1,40 Meter

Big Thunder Mountain
Mindestgröße 1,02 Meter

Space Mountain: Mission 2
Mindestgröße 1,32 Meter

Star Tours
Mindestgröße 1,02 Meter

Walt Disney Studios Park

Crush's Coaster
Mindestgröße 1,07 Meter

Rock 'n' Roller Coaster
Mindestgröße 1,20 Meter

Tower of Terror
Mindestgröße 1,02 Meter

Sie können sich auch telefonisch bei deutschsprachigen Mitarbeitern informieren unter 01801-004002 (0,039 EUR/Min. aus dem deutschen Festnetz, Mobilfunk gegebenenfalls abweichend).

P

Park- und Programmplan

Gleich hinter dem Eingang der beiden Parks werden Parkpläne auch in deutscher Sprache kostenlos ausgelegt. Diese Pläne enthalten unter anderem die genauen Anfangszeiten der Shows und Paraden.

Disneyland Resort Paris von A bis Z

P – R

R

Regenweg

Bei schlechtem Wetter können Sie einen „Regenweg" benutzen, der Sie vom Anfang der *Main Street, U.S.A.* durch die *Liberty Arcade* bis tief hinein in das *Fantasyland* führt. Dazu gehen Sie gleich nach dem Ausgang der Arcade links durch das *Fort Comstock* vorbei am *Frontierland* und *Adventureland*. Fast der gesamte Weg ist überdacht und bietet bei Regen eine willkommene Möglichkeit, sich trockenen Fußes bis zu *Peter Pan's Flight* durchzuschlagen.

Links: In einem der vielen Restaurants der Parks
Unten: Pendelbus

Parkplatz

Gegen Gebühr steht ein riesiger Parkplatz für die beiden Themenparks zur Verfügung. Merken Sie sich unbedingt die entsprechende Nummer beziehungsweise den Bereich Ihres Autos: Es soll schon Besucher gegeben haben, die mehr Zeit damit verbracht haben, ihren PKW zu suchen, als sich eine Show im Park anzuschauen.

Pendelbusse

Kostenlose Pendelbusse verkehren täglich zwischen dem Eingang der beiden Disney-Parks, dem *Disney Village* und den Hotels mitten in *Disneyland Resort Paris* (mit Ausnahme des direkt am Eingang gelegenen *Disneyland Hotel* und der *Disney's Davy Crockett Ranch*, die etwa 15 Autominuten von den Parks entfernt liegt).

Disneyland Resort Paris von A bis Z

R

Restaurants

Um eventuelle Wartezeiten zu vermeiden, sollten Sie einen Tisch in einem der Service-Restaurants von *Disneyland Resort Paris* im Vorfeld rechtzeitig reservieren. Dies können Sie schnell und einfach bei dem Concierge Ihres Disney-Hotels oder im Gäste-Service der beiden Parks tun. Wenn Sie keine Reservierung vornehmen möchten oder eines der zahlreichen Selbstbedienungs-Restaurants nutzen wollen, gehen Sie unbedingt außerhalb der üblichen Zeiten essen. Zwischen 12 und 14 Uhr sind die Restaurants sehr voll. Auch wenn die Preise manchmal etwas hoch erscheinen, sollten Sie einen genaueren Blick auf das Angebot werfen.

Besondere Menüpreise, in denen Vorspeise, Hauptgericht und Dessert enthalten sind, machen auch diese Lokalitäten erschwinglich. Außerdem ist eine richtige Mahlzeit oft sättigender und vor allem erholsamer als ein Hot Dog an der Ecke.

Disneyland Resort Paris von A bis Z ort Paris

S

S

Links: SB-Restaurant Colonel Hathi's Pizza Outpost
Oben: Mehrsprachige Hinweisschilder

Shopping Service

Als Hotelgast (ausgenommen *Radisson SAS Hotel* und *Adagio City Aparthotel Val D'Europe*) können Sie Ihre Einkäufe in den Geschäften des Resorts kostenlos in Ihr Hotel bringen lassen. Auf diese Weise brauchen Sie nicht den ganzen Tag mit Tüten und Päckchen durch die Parks zu ziehen.

Für Tagesbesucher gibt es die Möglichkeit, die Einkäufe in das *Disney Village* bringen zu lassen und diese dort kurz vor der Heimreise abzuholen.

Sprachen

Die meisten Cast Member, die Sie in *Disneyland Resort Paris* oder in den Disney-Hotels treffen werden, haben Namensschilder, die mit kleinen Flaggen versehen sind. Hieran erkennen Sie, welche Sprachen der entsprechende Mitarbeiter spricht – ein Großteil beherrscht meist drei oder noch mehr Sprachen. Sie werden also mit Sicherheit immer jemanden finden, der Ihnen weiterhelfen kann, wenn Sie mal tatsächlich Hilfe brauchen sollten.

Disneyland Resort Paris von A bis Z

T – U

Für fast alle Attraktionen der beiden Themenparks brauchen Sie keine Fremdsprachenkenntnisse – das meiste erklärt sich von selbst, oder es stehen Kopfhörer mit Übersetzungen (auch in deutscher Sprache) zur Verfügung. In den Service-Restaurants des Parks stehen außerdem deutsche Speisekarten zur Verfügung.

T

Tiere

Mit Ausnahme von Blindenhunden ist Tieren der Zutritt zu den Disney-Parks, den Disney-Hotels und dem *Disney Village* untersagt. Allerdings können Sie Hunde und Katzen gegen Gebühr in einer Haustierpension neben dem Parkplatz der Disney-Parks unterbringen. Bitte beachten Sie, dass Ihr Tier tätowiert oder gechipt und gegen Tollwut geimpft sein muss. Ein gültiger Impfpass ist dabei vorzulegen.
Das Personal ist nicht berechtigt, Ihr Tier auszuführen. Für Hunde und Katzen muss ein aktuelles Gesundheitszertifikat in französischer Sprache vorliegen.

Treffen mit den Disney-Figuren

Informationen und Zeiten zu den Treffen mit den Disney-Figuren, die in beiden Parks regelmäßig stattfinden, sind in den kostenlosen Parkplänen aufgeführt.

U

Übernachten außerhalb des Resorts

Eine Übernachtung in einem der Themenhotels rundet einen aufregenden Besuch der Parks besonders ab. In der Umgebung von *Disneyland Resort Paris* gibt es aber auch

Disneyland Resort Paris von A bis Z

V – W

einige Alternativen für eine vermeintlich günstigere Übernachtung. Beachten Sie jedoch, dass diese Hotels keinen kostenlosen Transfer mit Pendelbussen unterhalten. Außerdem werden für das Abstellen des eigenen PKW auf den Parkplätzen des Resorts Gebühren erhoben.

V

Vegetarier

Natürlich bieten die Restaurants in *Disneyland Resort Paris* auch eine Auswahl vegetarischer Speisen, die sich keineswegs auf den üblichen Salat beschränkt. Insbesondere die Service-Restaurants haben immer Köstlichkeiten für Vegetarier im Angebot, die auch dementsprechend gekennzeichnet sind.

Links: Meet & Greet mit Balu
Unten: Bis zum nächsten Mal in Disneyland Resort Paris

Verlassen der Parks

Sie können die Parks jederzeit verlassen und am selben Tag wieder zurückkommen. Beim Verlassen des Parks erhalten Sie einen unsichtbaren Stempel auf die Hand. Bei der Rückkehr wird einfach der Stempel zusammen mit der Eintrittskarte vorgezeigt.

W

Wartungsarbeiten

Da die beiden Themenparks des Resorts ganzjährig geöffnet sind, müssen manche Wartungsarbeiten bei den Attraktionen während der normalen Öffnungszeiten erledigt werden. Aus diesem Grund kann es also passieren, dass bei Ihrem Besuch eine der zahlreichen Attraktionen für ein paar Tage geschlossen ist.

Disneyland Resort Paris von A bis Z

Z

Die aktuellen Termine der Wartungsarbeiten können Sie auf der Homepage von *Disneyland Resort Paris* finden oder in Ihrem Reisebüro erfragen.

Z

Zusatzangebote

Es gibt jährlich zahlreiche Events und saisonale Veränderungen im Park. Ein Besuch im Hochsommer ist also etwas völlig anderes als im Winter zur Weihnachtssaison oder zur schaurigen Halloween-Zeit. Was während Ihres Aufenthaltes genau geboten wird, können Sie einfach unter www.disneylandparis.com im Vorfeld nachschauen. ■

Links: Familientauglicher Gruselspaß zu Halloween
Unten: Nächtliches Farbenspiel am Schloss

Mehr erleben in Disneyland Resort Paris

Golf in Disneyland Resort Paris

Dass ein Besuch in *Disneyland Resort Paris* weit mehr als nur ein Ausflug in einen Freizeitpark ist, sieht man auch an dem abwechslungsreichen Sportangebot abseits der beiden Themenparks.

So kommen die Freunde des kleinen weißen Balles im *Golf Disneyland*, das sich einige Kilometer von den Parks entfernt befindet, voll auf ihre Kosten.
1992 von dem bekannten Architekten Ronald Fream entworfen, ist der 27-Loch-Platz sowohl bei Profis, als auch Anfängern beliebt. Zwischen Wasserfällen, Felsen, Bächen und Bäumen erwartet einen ein abwechslungsreicher und sehr schön gelegener Golfplatz.

Gerade die Möglichkeit der Kombination zwischen den drei 9-Loch-Plätzen bietet dem Golfer auch nach mehreren Runden jedes Mal ein abwechslungsreiches Spiel. Vor den ersten Schwüngen bietet das *Golf Disneyland* eine großzügige Trainingszone mit Sandhügel, Driving Range und Putting Green.

Wer lieber in der Sonne sitzt und den Spielern aus der Ferne zuschaut, der kann im Clubhaus gemütlich auf der Terrasse des Restaurants zu Mittag essen. Der Restau-

Golf Disneyland

rantsaal, der von der runden Form der Architektur an einen riesigen Golfball erinnert, ermöglicht einen guten Blick auf den Golfparcours und den berühmten Mickykopf auf dem Rasen des Traininggreen. Das Clubhaus, entworfen vom renommierten New Yorker Architektenbüro Gwathmey Siegel & Associates, bildet einen interessanten Kontrast zur Golf-Landschaft. Unter dem weißen, kuppelförmigen Dach des Gebäudes findet man die Empfangshalle, eine Bar, ein Restaurant, einen Pro Shop und Umkleideräume mit Duschen für die Spieler.

Im Pro Shop kann man auch alle benötigten Ausrüstungsgegenstände wie Buggies, Caddies, Schläger (Herren, Damen, Kinder) sowie Schuhe gegen Gebühr ausleihen. ∎

Convention Center

Erst die Arbeit...

Erst die Arbeit, dann das Vergnügen...
Dieses alte Sprichwort nahmen sich die Planer von *Disneyland Resort Paris* zu Herzen und bauten im Laufe der Jahre zwei große *Convention Center* mit einer Gesamtfläche von 10.500 Quadratmetern, die an das *Hotel New York* und an den *Newport Bay Club* angeschlossen sind. Zusätzlich bietet das Resort weitere 13.000 Quadratmeter Tagungsfläche in Form von variablen Strukturen.

Das *Convention Center* im *Hotel New York* hat eine Größe von 5.000 Quadratmetern und bietet Tagungsmöglichkeiten für zwölf bis 2.200 Personen mit insgesamt 55 Meeting-Räumen. Im *Hotel Newport Bay Club* können auf 5.500 Quadratmetern bis zu 2.300 Personen gleichzeitig in einem Großraum mit 1.800 Quadratmetern und 29 Meeting-Räumen sowie einer 3.000 Quadratmeter großen Ausstellungshalle tagen.

Die verschiedenen Räume können jeweils nach Wunsch zusammengestellt und designed werden, ein Business Center mit IT-Ausrüstung, diversen Kommunikationsmöglichkeiten und weiteren Services stehen in beiden Anlagen zur Verfügung.

Die Vorteile für Gruppen jeder Größe liegen natürlich auf der Hand: Der direkte Anschluss an die Hotels ermöglicht kurze Wege, viel-

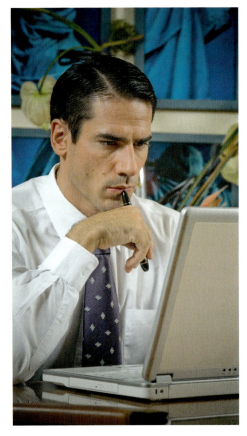

Convention Center

fältige Freizeitmöglichkeiten und eine ausgezeichnete Infrastruktur, perfektioniert durch modernste Technik und Flexibilität in puncto Konferenzräumen. Und die Vorteile der guten Erreichbarkeit und der Nähe zu Paris gelten natürlich nicht nur für Touristen, sondern auch für diejenigen Besucher, bei denen die Arbeit im Vordergrund steht.

Das oben genannte Sprichwort wäre jedoch nicht die volle Wahrheit, hätte man als Unternehmen nicht die Möglichkeit, seinen Mitarbeitern oder Gästen auch ein abwechslungsreiches Abendprogramm zu bieten: Aus einer Vielzahl an verschiedenen Dinner-Shows kann man hierbei wählen, die die Gäste in fremde Welten entführen und Gesang und Tanz auf höchstem Niveau bieten.

Absolute Highlights sind natürlich die Themenabende in den beiden Themenparks, bei denen Unternehmen oder Konferenzgruppen die Möglichkeit haben, Teile des Parks nach offizieller Schließung alleine zu nutzen. Aus einer Vielzahl von verschiedensten Vorschlägen kann man den je nach Gruppe und Geschmack passenden Abend auswählen und so einzelne Attraktionen oder sogar ganze Themenbereiche in den beiden Parks für sich alleine und ohne Warteschlangen genießen – bei den meisten Angeboten ist ein Abendessen mit Showprogramm noch angeschlossen.

Und wer seinen zahlreichen Mitarbeitern mal wirklich etwas Gutes tun möchte, der kann mit dem nötigen Kleingeld natürlich auch den ganzen Park mieten.

Aber auch einzelne Eintrittsgutscheine für die Konferenzpausen oder für mitgereiste Familien sind erhältlich. Doch gibt es nicht nur Angebote für das Socialising, auch das Teamwork kann bei diversen von der „Disney Business Solution" organisierten Veranstaltungen gestärkt werden. Im Rahmen von mehr oder weniger sportlichen Wettkämpfen oder auch dem Hochseilgarten werden das Teamgefühl und das Vertrauen untereinander gestärkt und schaffen so eine gute Grundlage für erhöhte Produktivität.

Und wer als Businessman etwas Ruhe sucht, der kann auf dem parkeigenen 27-Loch-Golfplatz einfach entspannen. ■

Mehr erleben in Disneyland Resort Paris

Hidden Mickeys – versteckte Botschafter im Park

Die Hidden Mickeys, zu deutsch „versteckte Mickeys", waren ursprünglich eine Art Spiel der kreativen Köpfe hinter den Attraktionen der Disneyparks: Bei der Planung oder während der Bauausführung versteckten sie ein Bild von Mickey Mouse irgendwo, wo er eigentlich nicht hingehört. Dabei kann es sich sowohl um eine Attraktion handeln, als auch um Hotels, Straßenpflaster oder ganz raffiniert um eine bestimmte Bepflanzung der Grünanlagen. Meistens ist es eine vereinfachte Form einer Kopf-und-Ohren-Silhouette: ein großer Kreis, der mit zwei kleineren Kreisen als Ohren an der passenden Stelle zu finden ist. Aber auch Seitenansichten oder sogar der ganze Mickey wurden bereits entdeckt. Alles ist „erlaubt", solange man es eindeutig zuordnen kann.

Nicht zu den „versteckten Mickeys" gehören natürlich Bilder auf T-Shirts, Souvenirs oder die große Maus, die im Park Autogramme gibt, bei Paraden freundlich in die Kamera winkt und sich mit Kindern fotografieren lässt… Hier handelt es sich natürlich um beabsichtigte Darstellungen.

Nachdem die ersten Versuche bekannt wurden, entbrannte ein kleiner Wettbewerb auf beiden Seiten: Bei den Imagineers, die sich Mühe gaben, einen möglichst schwer zu findenden Mickey zu erschaffen, und auf der anderen Seite Kollegen, Freunden und Parkbesuchern, die diese ausfindig machen wollten. So gesellten sich nach und nach auch andere Bereiche hinzu: Vom Saisonarbeiter, der mal eben drei passende Steine im Blumenbeet „zurechtrückte", über Zeichner von Disneyfilmen, die Mickeys heimlich in ihre Filme einbauten, bis hin zu Mitarbeitern von Konkurrenzparks, die ebenfalls irgendwo drei verdächtige Kreise versteckten…

Natürlich schwappte diese amerikanische „Tradition" mit den Ideen und Planungen in *Disneyland Resort Paris* mit über den großen Teich.

Leider kann man keine Patentlösung für das Aufspüren von Hidden Mickeys verraten – es gibt schlicht keine Aufzeichnungen oder gar Pläne. Außerdem verschwinden immer mal wieder Mickeys, wenn Attraktionen renoviert werden oder eine Wand neu gestri-

Oben: „Echter" Mickey
Mitte rechts: Stilisierter Mickey aus drei Kreisen
Unten und rechte Seite: Typische Hidden Mickeys

Mehr erleben in Disneyland Resort Paris

Hidden Mickeys – versteckte Botschafter im Park

chen wird. Dafür kommen natürlich wieder welche hinzu. Ein neuer Mitarbeiter ist potenziell auch gleichzeitig ein möglicher neuer Quell für einen Mickey. Halten Sie doch einfach mal Augen und Ohren offen!

Beispiel für einen entdeckten Hidden Mickey

Ein leicht zu entdeckender Mickey befindet sich in *Walt Disney Studios Park* auf der Fassade der ehemaligen TV-Studios. Hier sind drei Satellitenschüsseln so aufgezeichnet, dass sie einen Mickey ergeben. Frecherweise ist dieser jedoch vom Haupteingang kommend nicht sofort zu erkennen, da man eine gewisse „schiefe Perspektive" braucht. Erst wenn man ein paar Meter rechts um das Gebäude herumspaziert und sich dann wieder zum Bild umdreht, kann man den Kopf genau erkennen (siehe Bild auf der linken Seite). ∎

> ### Parkscout-Tipp
>
> **Welche Mickeys entdecken Sie?**
>
> Senden Sie uns Ihre Entdeckung per E-Mail zu (Foto nicht vergessen). Besonders gelungene Bilder verwenden wir vielleicht in einer der nächsten Auflagen dieses Buches oder auf der Homepage von Parkscout.de.
>
> Viel Spaß beim Suchen und Stöbern wünscht Ihnen die
> **Parkscout-Redaktion**
>
> redaktion@parkscout.de

Mehr erleben in Disneyland Resort Paris

Pin Trading

Wenn Sie *Disneyland Resort Paris* besuchen, werden Ihnen in den Themenparks ständig Menschen mit einem seltsamen Band begegnen, das mit bunten Ansteckern bestückt ist. Der Grund hierfür liegt in einer alten Tradition in den Disney-Parks, die im Jahre 2001 auch in Frankreich eingeführt wurde: das sogenannte „Pin Trading".

Was genau soll man nun darunter verstehen? Die Antwort ist eigentlich ganz einfach und originell zugleich: Im Resort kann man ständig etwa 200 verschiedene Metallpins mit allen denkbaren Motiven aus der Welt von Walt Disney kaufen. Allerdings sind diese nur eine bestimmte Zeit lang erhältlich und werden kontinuierlich ausgewechselt. Spezialeditionen sind sogar teilweise auf eine dreistellige Stückzahl limitiert. Im Laufe der Jahre wurde die Anzahl der Fans dieser Pins immer größer, wobei sich natürlich die Themenschwerpunkte der einzelnen Sammler voneinander unterscheiden. Während sich einige auf die Zeichentrickfiguren konzentrieren, bevorzugen andere eher Pins mit Parkmotiven – nicht zu vergessen die Komplettisten, die einfach alles haben möchten.

Wer will mit mir tauschen?

Sammler, die sich vielleicht von ein paar älteren oder doppelten Stücken trennen möchten, können diese einfach an ein Band stecken, das man überall im Resort kaufen kann und mit dem allen anderen Besuchern eindeutig demonstriert wird, dass man ein Mitglied der großen Pin Trading-Familie ist. Auf diese Art und Weise entsteht ein florierender Tauschhandel – ob in den Parks, in den Hotels oder auf den Parkplätzen. Sogar Angestellte in diversen Shops oder Attraktionen tragen diese Bänder und machen vielleicht den einen oder anderen Fan der Metallanstecker mit einer lange gesuchten Rarität glücklich.

Inzwischen werden sogar offizielle „Pin Trading Events" in *Disneyland Resort Paris* veranstaltet, wo sich Sammler aus den verschiedensten Nationen treffen, um ihrem Hobby gemeinsam nachzugehen. ■

Mehr erleben in Disneyland Resort Paris

Shopping im Disneyland Resort Paris

Überall im gesamten *Disneyland Paris* gibt es eine schier unendliche Anzahl von kleinen und größeren Shops, in denen man die unterschiedlichsten Merchandise-Artikel kaufen kann. Wie Ihnen vielleicht schon während der Lektüre dieses Buches aufgefallen sein dürfte, haben diese Shops nicht das geringste mit den ansonsten bekannten Konsummöglichkeiten in unseren Innenstädten zu tun. Vielmehr wird hier das Erlebnis „Einkaufen" in einer völlig neuen Dimension präsentiert, das offensichtlich bei den Besuchern so gut ankommt, dass die meisten mit vollgepackten Tragetüten das Resort verlassen und mit den vielfältigsten Souvenirs den Heimweg antreten.

Limitierte Sammlerstücke

Der Großteil der Shops ist entsprechend ihrer Umgebung in den beiden Parks wunderschön gestaltet und bietet neben den Disney-Standardartikeln, die man dort in jedem Geschäft finden kann, immer das jeweils zum

Mehr erleben in Disneyland Resort Paris

Shopping in Disneyland Resort Paris

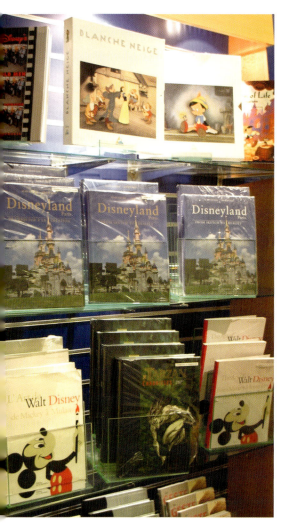

Natürlich ist es völlig unmöglich, hier alle Dinge aufzuzählen, die man dort überall kaufen kann, aber einige davon sollen trotzdem an dieser Stelle etwas näher erläutert werden. So findet man zum Beispiel in ausgewählten Shops kostbare Porzellanfiguren aus der „Walt Disney Classic Collection"-Serie. Diese handbemalten und absolut edlen Stücke sind durch ihre strenge Limitierung auf wenige Exemplare nicht nur wunderschöne Exponate für die hauseigene Vitrine, sondern können auch gleichzeitig durchaus als Investition betrachtet werden.

Schneekugeln im Sommer

Auch die riesigen Schneekugeln mit eingebauten Spieluhren, die es im Resort während des gesamten Jahres überall zu kaufen gibt, sind ein Schmuckstück im Haushalt eines jeden Disney-Fans und haben sich im Laufe der Zeit auch zu beliebten Sammelobjekten entwickelt.
Für Besucher mit schmalerem Geldbeutel gibt es natürlich die bereits erwähnten Pins, die in großen Displays überall auf ein neues

Parkteil passende Sortiment. Ob es nun Mitbringsel aus der Zukunft im *Discoveryland* oder Souvenirs aus dem Wilden Westen im *Frontierland* sind: Fast jeder Laden bietet in einem unverwechselbaren Ambiente eine riesige Palette von unterschiedlichsten Waren. In den Monaten um Weihnachten oder Halloween herum wird das Angebot in einigen Shops sogar extra dafür verändert.

Mehr erleben in Disneyland Resort Paris

Shopping in Disneyland Resort Paris

Zuhause warten. Dabei überrascht immer wieder die große Vielfalt der angebotenen Stücke. Möchten Sie gerne einen normalen Pin mit einem Portrait von Schneewittchen oder bevorzugen Sie eher einen limitierten Pin mit den berühmtesten Disney-Bösewichten? Das Angebot ist nahezu unüberschaubar und erfüllt somit fast alle Wünsche – auch die des engagierten Sammlers. Unerwähnt bleiben sollte auch nicht die beeindruckende Auswahl an Textilien. Die Besucher haben die Qual der Wahl zwischen bunten T-Shirts mit Mickey-Mouse-Motiven, warmen College-Jacken mit Rückenmotiv des *Walt Disney Studios Park* oder auch einem echten Schneewittchen-Kleid für kleinere Kinder. Niedliche Babybekleidung mit Bildern von Winnie Pooh und seinen vielen Freunden lässt die Herzen aller jungen Eltern höher schlagen.

Kostenloser Shopping-Service

Wenn Sie Ihre Einkäufe bereits während der Vormittagsstunden erledigen möchten und nicht erst kurz vor Schließung der beiden Themenparks, brauchen Sie sich nicht zwangsläufig den ganzen Tag mit schweren Tüten abzuschleppen.
Als Gast eines Resort-Hotels können Sie den kostenlosen Shopping-Service nutzen, bei dem die vollen Einkaufstaschen direkt zu Ihrem Hotel geliefert und dort in aller Ruhe abgeholt werden können. Für Besucher der Parks, die nicht in einem dieser Hotels übernachten, gibt es einen ähnlichen Service – dabei wird allerdings alles im *Disney Village* deponiert.

Die hier geschilderte Auswahl ist natürlich eine rein subjektive des Autors – viele weitere Souvenirs warten nur darauf, in den zahlreichen Geschäften entdeckt zu werden. Nehmen Sie sich einfach mal die Zeit für einen ausgedehnten Einkaufsbummel, und

Sie werden sehr schnell merken, dass auch dies zu einem Besuch von *Disneyland Resort Paris* dazugehört. ∎

Imagineering

Wie der Zauber entsteht

Wie werden Träume wahr? Wie entsteht auf einem Acker ein magisches Märchenschloss nur wenige Meter neben einem dichten tropischen Dschungel im kühlen zentraleuropäischen Klima? Die Antwort auf diese und viele weitere Fragen ist so kurz wie aussagearm: dank der „Imagineers".

Was also ist ein Imagineer? Der Begriff Imagineer und die Bezeichnung für ihre Tätigkeit Imagineering entstand aus den beiden englischen Worten Imagination für Phantasie und Engineers für Ingenieure und dient als umfassender Begriff für die Designer, Ingenieure, Architekten, Techniker und sonstigen Kreativen, die an der Entwicklung der Zauberwelten von Disney beteiligt sind.

Tätig sind diese Imagineers für Walt Disney Imagineering bzw. im Falle des *Disneyland Resort Paris* teilweise für Euro Disney Imagineering (das seinen Namen erhielt, als das Resort noch als *Euro Disney Resort* bekannt war) – zwei Unternehmen der Walt Disney Company, die aus WED Enterprises hervorgingen, wie Walt Disney die Gesellschaft nannte, die seine kreativen Köpfe vereinte. Die Abkürzung WED stand für die Initialien Walter Elias Disneys, worin sich dessen hohes persönliches Interesse an seinen Imagineers deutlich widerspiegelte.

Ob der Vielzahl der Berufe, die sich bei Imagineering finden, ist eine genaue Berufsbeschreibung daher genauso unmöglich wie

Imagineering

eine Ausbildung zum Imagineer. Bei Imagineering finden sich hunderte unterschiedlichster Berufe und Spezialisierungen – womit wir schon beim ersten großen Geheimnis der Imagineers wären: Es ist fast immer ein Fachmann zur Hand, wenn ein Problem auftaucht, oder aber einer der Imagineers nimmt sich die Zeit, sich in ein neues Fachgebiet einzuarbeiten. Am leichtesten lässt sich das mit einem Beispiel darstellen: So ist der Autor, der die Dialoge für die Figuren in *Pirates of the Caribbean* schreibt, ebenso ein Imagineer wie der Architekt, der dafür

Skizzierungen, Entwürfe und detaillierte Zeichnungen sind Grundbestandteil der Entwicklung – ein Modell schließlich lässt das spätere Erscheinungsbild erahnen.

Imagineering

sorgt, dass das Fort nicht über den Piraten zusammenbricht. Auch der Gartenfachmann, der in mühsamer Recherche weltweit die Pflanzen ausgesucht hat, die den kalten Winter in Paris überstehen, sowie der Designer, der die Streckenführung für *Space Mountain* entwickelt hat, gehören zu diesem Team.

Die Aufzählung der Berufe und Spezialisten, die als Imagineers tätig sind, könnte sich noch über Seiten hinziehen und wäre dennoch nie komplett, denn mit jeder neuen Herausforderung kommen auch immer wieder neue Fachleute und damit neue Imagineers hinzu – und nicht wenige davon beeinflussen zwar erheblich das Erlebnis der Gäste, bleiben dabei aber wie ihre Arbeit zumindest auf den ersten Blick unsichtbar. Das gilt zum Beispiel für die Modellbauer, die die Konzepte ihrer Kollegen im Vorfeld umsetzen, oder die „Guest Flow"-Spezialisten, die sich damit beschäftigen, wie die Gäste unaufdringlich durch die Parks geleitet werden können, ohne dass es zu „Staus" kommt. Doch selbst diese trockene Aufgabenstellung verlangt natürlich nach einer kreativen Umsetzung in der Praxis...

Geballtes Know-How

Und dabei hat sich in den über 50 Jahren seit der Eröffnung von *Disneyland Anaheim* bei Imagineering ein unglaubliches Know-How angesammelt – das dann in *Disney-*

Imagineering

land Resort Paris einfließen konnte. Anders als die meisten Freizeitparks hat *Disneyland Park* in *Disneyland Resort Paris* den großen Vorteil, dass die Imagineers ihn am Reißbrett planen und bereits die Konzepte für die Expansion in den Jahren nach der Eröffnung 1992 berücksichtigen konnten.

Ausgestattet mit einem solchen Masterplan konnten Wege schon frühzeitig angelegt und Bereiche vorab für zukünftige Attraktionen reserviert werden, so dass ein insgesamt harmonisches Gesamtbild entstand.

Wie bei jedem Prozess, der kreative Köpfe beschäftigt, bedeutet das aber natürlich auch, dass viele Pläne sich zwischenzeitlich wieder verändert haben, doch bei Imagineering geht nichts wirklich verloren. Selbst wenn ein Konzept doch nicht realisiert wird, so wandern doch alle Entwürfe, Zeichnungen, Skizzen, Modelle – einfach alle Materialien – in ein Archiv, das dann wieder zur Verfügung steht, wenn Jahre später nach einer anderen Attraktion oder vielleicht auch nur einer Inspiration gesucht wird.

Inspirationen finden die Imagineers aber natürlich nicht nur in dem eigenen Archiv (aus dem z.B. der Name *Thunder Mesa* für die Siedlung in *Frontierland* stammt, der ursprünglich Namensbestandteil einer nie realisierten Themenfahrt von Imagineer Marc

Bewegliche Figuren, sogenannte Animatronics, als auch reine Dekorationselemente entstehen in den Werkstätten.

Imagineering

Davis sein sollte, dessen *Pirates of the Caribbean* bis heute ein Meilenstein und Klassiker ist), sondern auch während aufwändiger Recherchereisen in der ganzen Welt. So finden sich im *Château de la Belle au Bois Dormant*, das unter der Leitung des Imagineers Tom Morris entstand, mehr als nur ein paar Anleihen aus Mont Saint-Michel.

Berühmte Vorbilder

Natürlich dienen aber auch die Disney-Zeichentrickklassiker immer wieder als Inspiration, wie vor allem im *Fantasyland* mit seinen Darkrides (Themenfahrten) deutlich wird. Ausgehend von diesen Inspirationen wird dann in mühsamer Detailarbeit ein ausgeklügeltes Konzept entwickelt, für das der federführende Imagineer mit zahlreichen Kollegen zusammenarbeitet, damit später ein bis in das kleinste Detail ausgefeiltes Gesamtkunstwerk entsteht. Von der Beleuchtung über den Anstrich, von der leisen Mu-

Mit viel Sinn für Details und Originalität werden die Attraktionen thematisiert.

Imagineering

sikuntermalung bis hin zu kleinen Details, wie den Handläufen der Geländer, wird alles in einem Team von Imagineers immer wieder und wieder überarbeitet, bis endlich die Bauphase beginnt. Selbst der Wege rund um die Attraktionen nehmen sich die Imagineers dann an, sorgen dafür, dass zum Beispiel im *Frontierland* die Abdrücke eines Pferdefuhrwerks verewigt sind oder im *Adventureland* die Pfoten einer Raubkatze, die scheinbar den Weg kreuzte. Derartige Details finden sich überall, und sicherlich wird jeder Gast nur einen verschwindend kleinen Bruchteil bewusst wahrnehmen, doch gerade das ist das Geheimnis von Imagineering: Immer einen Schritt weiter zu gehen, die Atmosphäre ein bisschen dichter zu gestalten, als unbedingt notwendig, denn dann nimmt der Gast seine Umgebung bereits unterbewusst als real an. Natürlich könnte an den originalgetreuen Nachbauten der Dampflokomotiven, die den Park umrunden, (übrigens eine von Walt Disneys Lieblingsattraktionen) hier eine Niete und dort eine Verzierung eingespart werden, aber dann würde der Gast sehr schnell unterbewusst den Glauben an den Zauber verlieren und sich wieder bewusst werden, in einem Themenpark zu sein.

Details sind der Schlüssel

Diese kleinen Details sind es dann auch, die Disney hervorheben – nehmen wir doch zum Beispiel *Space Mountain*. Technisch betrachtet handelt es sich um eine Stahlachterbahn mit Überschlag im Dunkeln, mit einem Abschuss statt einem klassischen Berg, den der Zug hinaufgezogen wird. Obwohl natürlich das Konzept einer Achterbahn mit Katapultstart an sich schon eine Sensation war, erklärt das nicht die bis heute ungebrochene Attraktivität der Attraktion. Diese ist viel eher darauf zurückzuführen, dass auch an dem Projekt *Discovery Mountain*,

wie die Attraktion nämlich ursprünglich hieß (daher auch immer noch die beiden Buchstaben „DM" auf den Zügen), Imagineers der unterschiedlichsten Teilbereiche zusammengearbeitet haben, um Grenzen zu durchbrechen, ausgehend von dem Klassiker *Space Mountain* aus dem *Disneyland Anaheim*, bei dem es sich „einfach" um eine Achterbahn im Dunkeln mit einem Weltall-Thema handelte. Natürlich gab es dabei

Space Mountain: Technisch, optisch und akustisch eine Herausforderung für die Imagineers

Imagineering

rein technische Fortschritte wie die Technik hinter der Achterbahn, den Katapultstart oder auch die Special Effects des Weltalls, durch das die Rakete fliegt.

Doch wirklich bahnbrechend war die Idee, die Fahrt mit einem passenden symphonischen Soundtrack zu untermalen, wie er aus Weltraumepen wie *Star Wars* bekannt ist, und der heute wesentlich zu dem einmaligen Erlebnis einer Reise durch das All beiträgt. Womit auch schon ein weiteres ganz entscheidendes Geheimnis von Imagineering angesprochen wäre: die Geschichten hinter den Attraktionen.

Dieser Handlungsfaden, der hinter dem Fahrerlebnis einer Achterbahn im Dunkeln mit Musikuntermalung, Abschuss und Spezialeffekten steht, dient nicht nur den Imagineers dazu, die Gestaltung der Attraktion zu bestimmen, wie den Namensschriftzug auf der Kanone oder die Dekoration der Station, sondern auch dem Gast das bisschen Extra an Disney-Zauber zu vermitteln, das anderen Achterbahnen fehlt, die zwar vielleicht einen an einen Filmhelden angelehnten Namen haben, aber dem Gast keine wirkliche Geschichte vermitteln.

Rund um eine Geschichte

Solche Hintergrundgeschichten entwickeln die Imagineers für alle ihre Projekte, selbst wenn sie zum Beispiel „nur" die Thematisie-

Große Geschichte und Backstories ranken sich auch um Indiana Jones et le Temple du Péril (unten) und den Tower of Terror (rechts).

Imagineering

rung eines Shops behandeln. Nicht alle Geschichten werden dabei dann auch an den Gast weitergegeben, wie im Falle von *Space Mountain*, sondern oft dienen sie lediglich den Imagineers als Leitfaden für die Gestaltung, als logisches Bindeglied – so findet sich in dem Laden *Eureka Mining Supplies and Assay Office* ein altertümlicher Aufzug. Der wird zwar von Gästen kaum wahrgenommen, ist aber zentraler Bestandteil der Geschichte, die sich die Imagineers für dieses Geschäft ausgedacht haben, dessen ehemaliger Besitzer nämlich über den Aufzug zu einem geheimen Schacht gelangt sein soll, um so Gold aus der Mine im *Big Thunder Mountain* zu stehlen, mit dem er dann seine Einnahmen aufbesserte.

Diese „Backstories", wie die Imagineers sie nennen, sind die Quelle für zahlreiche der Details, die sich überall im Park finden und es zur besonderen Freude machen, einmal mit offenen Augen durch den Park zu spazieren und die zugegebenermaßen beeindruckenden eigentlichen Attraktionen zu ignorieren... Dann entdecken auch Sie vielleicht das Ei des berühmten Vogel Rok oder auch den einen oder anderen versteckten Hinweis auf die Imagineers selber, die sich in ihrem Zauberreich verewigt haben (kleiner Tipp: die drei Buchstaben WDI für Walt Disney Imagineering sind z.B. am Eingang zum *Adventureland Bazaar* zu entdecken), oder aber einen der „geheimnisvollen" Hidden Mickeys... ■

Mehr erleben in Disneyland Resort Paris

Die bessere Tagesplanung

Eine allgemeine Tagesplanung für Ihren Besuch in *Disneyland Park* ist eigentlich kaum möglich, da ja schließlich jeder unterschiedliche Interessen und Prioritäten hat.
Trotzdem gibt es durchaus auch einen „Ablaufplan", der sich in der Praxis als durchaus sinnvoll erwiesen hat, weil er gewisse logische Umstände wie Kapazitäten (Besucherdurchsatz pro Stunde) und Besucherflüsse berücksichtigt.

Fantasyland ist nicht nur der bei den meisten Kindern beliebteste Parkteil, sondern beheimatet auch gleichzeitig die Attraktionen mit der geringsten Kapazität.
Wenn Sie also Schneewittchen oder Peter Pan einen Besuch abstatten möchten, sollten Sie dies am besten gleich am Morgen tun.

Durch das Schloss nach Fantasyland

Gleich nach der Öffnung des Parks gehen Sie durch die *Main Street, U.S.A.* sofort durch das Dornröschenschloss zu *Peter Pan's Flight* und ziehen dort einen kostenlosen Fastpass. Bis zur Gültigkeit Ihres Fastpass dürfte noch genügend Zeit übrig bleiben, um eine Runde mit *Dumbo The Flying Elephant* zu drehen. Alternativ können Sie diese Zeit auch mit *Blanche Neige et les Sept Nains* und *Les Voyages de Pinocchio* sinnvoll nutzen.

Inzwischen dürfte Ihr Fastpass für *Peter Pan's Flight* gültig sein – jetzt können Sie also ohne nennenswerte Wartezeiten Ihren Flug nach Nimmerland antreten. Wenn Sie eine der anderen Attraktionen in *Fantasyland* nutzen

Mehr erleben in Disneyland Resort Paris

Die bessere Tagesplanung

möchten, sollten Sie dies sofort danach erledigen. Spätestens ab Mittag wird es in diesem Parkteil nämlich sehr voll werden. Dies gilt allerdings nicht für *It's a Small World*, das aufgrund der hohen Kapazität auch zu einem späteren Zeitpunkt besucht werden kann.

Ab nach Adventureland

Ansonsten empfiehlt es sich, gleich nach dem Flug mit Peter Pan in das direkt anliegende Adventureland abzubiegen und bei *Indiana Jones* einen Fastpass zu ziehen. Danach statten Sie am besten den *Pirates of the Caribbean* einen Besuch ab. Nach dem kleinen Ausflug in die geheimnisvolle Welt der Piraten müsste der Fastpass eigentlich gültig sein – wenn Sie noch etwas Zeit haben sollten, empfiehlt sich eine Kletterpartie auf dem Baumhaus *La Cabane des Robinson* oder die Erkundung der *Adventure Isle*.

Als nächstes führt Sie der Weg dann hinein in das *Frontierland*, wo eine aufregende Reise mit der *Big Thunder Mountain*-Achterbahn natürlich ein absolutes Muss ist. Nutzen Sie auch hier gleich das Fastpass-System. Die Wartezeit bis zur Gültigkeit kann man hervorragend mit einem Besuch des *Phantom Manor* und einer Fahrt mit den *Thunder Mesa Riverboats* verbringen.

Discoveryland wartet

Wenn Sie eine größere Essenspause einlegen möchten, empfiehlt sich diese meistens nach dem Besuch des *Frontierland*, da die Wartezeiten im noch ausstehenden *Discoveryland* allgemein nicht so lang sind wie die in den anderen Parkteilen.

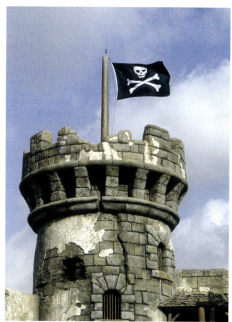

Links: Blanche Neige et les Sept Nains
Rechts oben: Phantom Manor
Rechts unten: Pirates of the Caribbean

Mehr erleben in Disneyland Resort Paris

Die bessere Tagesplanung

Nach einer kleinen Stärkung sollte dort *Space Mountain: Mission 2* gleich die erste Anlaufstelle sein. Ziehen Sie hier einen Fastpass – bis zur Gültigkeit können Sie vielleicht noch einen Besuch der Nautilus oder eine Fahrt mit dem *Orbitron* wagen.

Sobald Sie den Fastpass für *Space Mountain: Mission 2* genutzt haben, können Sie gleich bei *Star Tours* oder *Buzz Lightyear Laser Blast* den nächsten ziehen – die Zeit bis zur Gültigkeit kann man mit einer Fahrt durch die Zukunftswelt von *Autopia* oder dem Besuch von *Honey, I Shrunk the Audience* überbrücken.

Walt Disney Studios Park

Gehen Sie gleich nach der Öffnung des Parks hinter dem *Studio 1* rechts zu *Crush's Coaster*, da hier sehr schnell lange Wartezeiten entstehen, die im Laufe des Tages auch kaum kürzer werden. Wenn Sie mit kleineren Kindern unterwegs sind, können Sie gleich in der Nähe auch mit den *Flying Carpets of Agrabah* durch 1001 Nacht schweben oder mit den witzigen Autos der *Cars Race Rally* einige Runden drehen.

Danach sollten Sie dann einen Fastpass für den *Tower of Terror* ziehen und die Zeit bis zur Gültigkeit mit einer der zahlreichen Shows des Parks verbringen, deren Anfangszeiten Sie auf dem kostenlosen Parkplan finden, der gleich am Eingang des *Studio 1* ausliegt. Nachdem Sie in dieser bemerkenswerten Attraktion in die vierte Dimension gereist sind, können Sie gleich den nächsten Fastpass beim *Rock 'n' Roller Coaster* ziehen. Dabei ist zu beachten, dass Sie diese Dunkelachterbahn beim Ende der gleich daneben liegenden Show *Moteurs... Action!* meiden sollten, da sich viele Besucher erfahrungsgemäß gleich im Anschluss ebenfalls beim *Rock 'n' Roller Coaster* anstellen werden. Ansonsten gibt es für den *Walt Disney Studios Park* keine wirklich sinnvolle Tagesplanung, da der Großteil der Attraktionen feste Showzeiten hat, die lange Wartezeiten fast ausschließen. Schauen Sie am besten bei Ihrem Besuch gleich auf den Parkplan, in dem die jeweiligen Zeiten aufgeführt sind, und planen Sie Ihren Tag direkt vor Ort. ∎

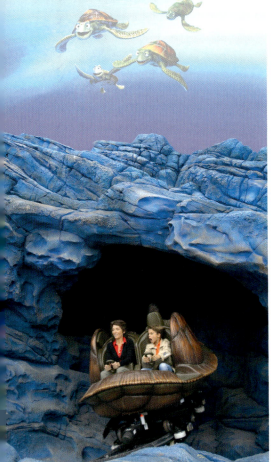

Crush's Coaster sollten Sie unmittelbar nach Öffnung aufsuchen – dort können recht lange Wartezeiten entstehen.

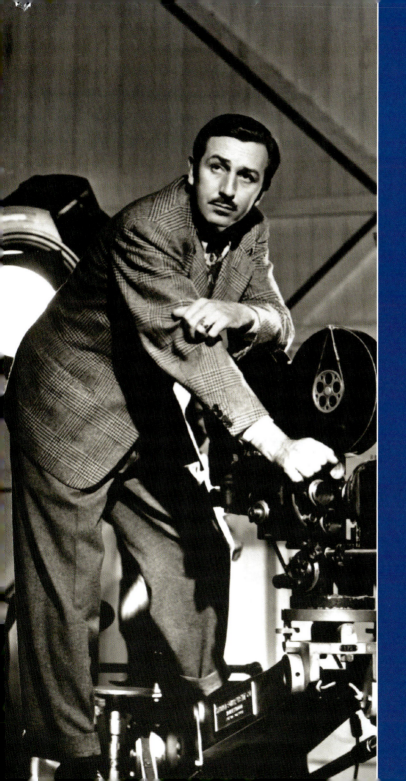

Walt Disney – Die Legende lebt weiter

Walt Disney

Die Legende lebt weiter!

Heutzutage kennt fast jedes Kind auf dieser Welt den Namen „Walt Disney", aber nur wenige wissen, welcher Mensch und welche Lebensgeschichte sich wirklich hinter diesem Namen verbirgt. Zeit also, dass wir ein wenig mehr Licht in das Dunkel des größten Geschichtenerzählers aller Zeiten bringen.

Walter Elias Disney erblickte am 5.12.1901 als Sohn von Elias und Flora Disney in Chicago, Illinois, das Licht der Welt. Schon sehr früh war klar, dass der kleine Walt eine große Begabung für das Zeichnen von Cartoons hatte – bereits mit sieben Jahren verkaufte er seine Zeichnungen an Nachbarn. Nach einem kurzen Aufenthalt in einer Kleinstadt in Missouri zogen seine Eltern mit den insgesamt fünf Kindern 1911 nach Kansas City. Als der Erste Weltkrieg begonnen hatte, trat Walt Disney 1918 im Alter von 16 Jahren dem Roten Kreuz bei und wurde nach Frankreich geschickt, um dort Ambulanzwagen zu fahren.

Die ersten Aufträge

Als er schließlich 1919 wieder nach Kansas City zurückkehrte, bekam er einen Job als Zeichner bei der örtlichen Werbeagentur „Pesmen-Rubin Commercial Art Studio", den er aber kurz danach im Zuge von Personaleinsparungen des Unternehmens wieder verlor. Im Mai 1922 gründete er seine erste eigene Firma unter dem Namen „Laugh-O-gram Films", mit der er kurze animierte Werbefilme drehte. Aufgrund des Konkurses seines damaligen Hauptklienten ging die Firma allerdings nur knapp ein Jahr später ebenfalls Pleite.

Kurz darauf entschied sich Disney, Kansas City zu verlassen und sich in Richtung Los Angeles aufzumachen. In der Garage seines dort lebenden Onkels produzierte er für eine Filmgesellschaft sechs Cartoons, die ihm zum ersten Mal wirklich Geld einbrachten. Da er sich lieber um die künstlerische Arbeit kümmern wollte, überredete er seinen Bruder Roy, mit ihm zusammen eine neue Firma zu gründen und dabei die Finanzangelegenheiten zu übernehmen: Der Grundstein für das spätere Disney-Imperium war damit gelegt.

Ein Mythos wird geboren

Als er im Jahre 1927 nach einer neuen Figur für seine Trickfilme suchte, kam ihm während einer Zugfahrt plötzlich die Idee, es mit einer Maus zu versuchen. Seine Frau Lillian, die er 1925 geheiratet hatte, fand allerdings, dass der Name „Mortimer Mouse" für die neue Kreation nicht so recht passend sei und überredete ihn, den Namen in „Mickey Mouse" zu ändern. Der erste öffentliche

Walt Disney war nicht nur ein Pionier des Zeichentricks, sondern auch ein großer Film-Fan.

Auftritt von Mickey auf der Kinoleinwand ereignete sich mit „Steamboat Willie" am 18. November 1928 und wurde ein riesiger Erfolg für die „Walt Disney Productions" – nicht zuletzt, weil es der erste animierte Film mit synchronisiertem Ton war. „Mickey Mouse" entwickelte sich in den kommenden Jahren zu einem der Top-Stars in Hollywood und sorgte dafür, dass im Unternehmen von Disney die Kassen klingelten. Das eingespielte Geld wurde sorgfältig in neue Technik und Zeichner investiert, die es ermöglichten, eine eigene Reihe von Kurzfilmen zu produzieren: die „Silly Symphonies".

Im Jahre 1932 wagte Disney den Schritt, zum ersten Mal einen Kurzfilm in Technicolor herauszubringen – mit großem Erfolg. Im Laufe der Zeit wurde die Familie von Disney-Charakteren immer größer: Neben Mickey Mouse entstanden Figuren wie Minnie Mouse, Goofy oder Donald Duck und brachten Disney soviel Popularität und Geld ein, dass er entgegen allen guten Ratschlägen seiner Freunde und Familie ein riskantes Projekt begann. Da Cartoons als Vorfilme aufgrund sogenannter „Double Features" in den Kinos immer schlechter liefen, entschied er sich, den ersten animierten abendfüllenden Film in Technicolor zu produzieren.

Für sein Studio war dies sicherlich zu der damaligen Zeit ein gigantischer Kraftakt – alleine im Jahr 1935 wurden 300 neue Zeichner engagiert. Aber als am 21. Dezember 1937 die ersten Bilder von „Schneewittchen und die sieben Zwerge" über die Leinwand des Carthay Circle Theater in Los Angeles liefen und Weltstars wie Charles Chaplin oder Shirley Temple dabei zu Tränen gerührt waren, konnte man sehen, dass das Experiment gelungen war.

Der Zweite Weltkrieg

Um die Arbeit an den nächsten Filmen einfacher zu gestalten, errichtete Disney im Jahre 1940 in Burbank ein neues Studio, wo

Walt Disney vor den Disney Studios in Hollywood

insgesamt mehr als 1000 Zeichner, Drehbuchautoren und Techniker beschäftigt wurden. Mitten in dieser Investitionsphase begann der Zweite Weltkrieg und traf das Studio wie eine Bombe: Der internationale Markt brach teilweise völlig weg, was ein großes Loch in die Finanzdecke des Unternehmens riss. Auch die beiden nächsten Filme, „Pinocchio" und „Fantasia", erwiesen sich zunächst an den Kinokassen als nicht so erfolgreich wie angenommen.

Walt Disney

Trotz der erheblichen finanziellen Einbußen während des Krieges schaffte es Disney dennoch, sein Unternehmen dank „Dumbo" und vor allem „Bambi" sowie diverser Propagandafilme für die amerikanische Regierung durch diese schwierige Zeit zu steuern. Um für die Zukunft gewappnet zu sein, wurden ab 1945 nicht nur Zeichentrickfilme, sondern auch Real- und Naturfilme gedreht (beispielsweise „20.000 Meilen unter dem Meer" oder der heute noch beeindruckende Dokumentarfilm „Die Wüste lebt").

Walt Disney mag im Jahre 1966 verstorben sein, aber seine Ideen, seine Phantasie und sein Vermächtnis sind auch heute noch in rund vierzig abendfüllenden Animationsfilmen zu sehen.

- 1937 : Schneewittchen und die sieben Zwerge (Snow White and the Seven Dwarfs)
- 1940 : Pinocchio (Pinocchio)
- 1940 : Fantasia (Fantasia)
- 1941 : Dumbo (Dumbo)
- 1942 : Bambi (Bambi)
- 1950 : Aschenputtel (Cinderella)
- 1951 : Alice im Wunderland (Alice in Wonderland)
- 1953 : Peter Pan (Peter Pan)
- 1955 : Susi und Strolch (The Lady and the Tramp)
- 1959 : Dornröschen (Sleeping Beauty)
- 1961 : 101 Dalmatiner (101 Dalmatians)
- 1963 : Die Hexe und der Zauberer (The Sword in the Stone)
- 1967 : Das Dschungelbuch (The Jungle Book)
- 1970 : Aristocats (Aristocats)
- 1973 : Robin Hood (Robin Hood)
- 1977 : Bernhard und Bianca (The Rescuers)
- 1981 : Cap und Capper (The Fox and the Hound)
- 1985 : Taran und der Zauberkessel (The Black Cauldron)
- 1986 : Basil, der große Mäusedetektiv (The Great Mouse Detective)
- 1988 : Oliver & Co. (Oliver & Company)
- 1989 : Arielle, die kleine Meerjungfrau (The Little Mermaid)
- 1990 : Bernhard und Bianca im Känguruhland (The Rescuers Down Under)
- 1991 : Die Schöne und das Biest (Beauty and the Beast)
- 1992 : Aladdin (Aladdin)
- 1994 : Der König der Löwen (The Lion King)
- 1995 : Pocahontas (Pocahontas)
- 1996 : Der Glöckner von Notre Dame (The Hunchback of Notre Dame)
- 1997 : Hercules (Hercules)
- 1998 : Mulan (Mulan)
- 1999 : Tarzan (Tarzan)
- 2000 : Fantasia 2000 (Fantasia 2000)
- 2000 : Ein Königreich für ein Lama (The Emperor's New Groove)
- 2000 : Dinosaurier (Dinosaurs)
- 2001 : Atlantis – das Geheimnis der versunkenen Stadt (Atlantis – The lost World)
- 2002 : Lilo & Stitch (Lilo & Stitch)
- 2002 : Der Schatzplanet (Treasure Planet)
- 2004 : Bärenbrüder (Brother Bear)
- 2004 : Die Kühe sind los (Home on the Range)
- 2005 : Himmel und Huhn (Chicken Little)
- 2007 : Triff die Robinsons (Meet the Robinsons)

Walt Disney

Oben: Walt vor einer von ihm in den 1930er Jahren entwickelten Multiplane-Kamera
Unten: Walt Disney präsentiert seine Pläne für das 1955 in Kalifornien eröffnete Disneyland

Die Idee von einem Disneyland

Die Legende besagt, dass Walt Disney eines Tages mit seinen Kindern einen Rummelplatz besuchte und sich beim Anblick eines Karussells plötzlich vorstellte, wie schön es doch wäre, wenn es einen Ort geben würde, an dem sich Erwachsene und Kinder in einer traumhaften Umgebung gemeinsam vergnügen könnten.

An diesem Tag ist wohl die Idee zu einem eigenen *Disneyland* gereift, die der Visionär konsequent verfolgte. Wann immer er Zeit hatte, besuchte er Freizeitparks in aller Welt, um sich einen Überblick über die vorhandenen Möglichkeiten zu verschaffen. Wirklich fündig wurde er schließlich in Europa. Im „Tivoli" in Kopenhagen gab es schon seit einiger Zeit einen Freizeitpark, der seinen Vorstellungen sehr nahe kam und in seine Planungen einfloss.

Um seinen Traum von *Disneyland* zu verwirklichen, brauchte er mehr Geld, als er zu dieser Zeit zur Verfügung hatte. Aus diesem Grund machte er zusammen mit seinem Bruder Roy einen Deal mit dem Fernsehsender ABC: Für knapp 500.000 Dollar schufen die beiden eine TV-Show mit dem Namen „Disneyland", wobei ABC zusätzlich im Gegenzug ein Darlehen von 4,5 Millionen Dollar für die Errichtung des Parks zur Verfügung stellte. Zusammen mit dem Kapital, das die Brüder noch aus ihrem Privatvermögen flüssig machen konnten, reichte das Geld endlich aus, um den

großen Traum von Disney zu realisieren: Am 17. Juni 1955 öffnete in Anaheim, Kalifornien, das erste „Magic Kingdom" und wurde der bis dahin größte Erfolg des Unternehmens.

Der Mythos lebt weiter

Weil er so viel Arbeit in die Entwicklung seines Freizeitparks steckte, blieb Walt Disney nur wenig Zeit für seine Filmproduktionen.

Trotzdem sorgte er dafür, dass im Laufe der nächsten Jahre unvergessliche Filme wie „Dornröschen", „Susi und Strolch" oder „Mary Poppins" über die Kinoleinwände liefen und seiner Firma so gute Umsatzzahlen brachten, dass sie 1961 zum ersten Mal seit 20 Jahren schuldenfrei war.

In seinen Gedanken aber arbeitete er schon längst an einem Konzept für einen weiteren Themenpark in Orlando, Florida, den er als „Experimental Prototype Community of Tomorrow" oder nur kurz *EPCOT* bezeichnete. Gleichzeitig weitete er auch seine unternehmerischen Tätigkeiten auf neue Bereiche aus und präsentierte 1964 zur Weltausstellung in New York vier Exponate, darunter eine bahnbrechende Audio-Animatronic-Figur von Abraham Lincoln.

Anfang 1966, als er gerade in den Dreharbeiten für „Das Dschungelbuch" steckte, wurde bei dem Kettenraucher Walt Disney Lungenkrebs diagnostiziert – ein Schock für seine Freunde und seine Familie. Dies hinderte ihn aber nicht daran, weiter an seiner Vision von einer besseren Zukunft in Form des *EPCOT* zu arbeiten. Als aber am 15. Dezember 1966 alle Flaggen im *Disneyland* auf Halbmast gesetzt wurden, war klar, dass eines der größten Genies der Filmgeschichte und sicherlich einer der wichtigsten und einflussreichsten Künstler des 20. Jahrhunderts diese Welt verlassen hatte.

Die Realisierung seines Traums von einem zweiten Freizeitpark konnte er leider nicht mehr selbst erleben: Die *Walt Disney World* eröffnete am 1. Oktober 1971, und erst elf Jahre später, am 1. Oktober 1982, gingen zum ersten Mal Gäste durch das endlich realisierte *EPCOT*.

Nachdem 1983 in der Nähe von Tokio das erste *Disneyland* außerhalb der Vereinigten Staaten von Amerika besucht werden konnte, dauerte es noch weitere neun Jahre, bis das Königreich der Maus endlich auch seinen Weg nach Europa gefunden hatte. ∎

„Ich hoffe nur, dass wir eines niemals aus den Augen verlieren – dass alles mit einer Maus begonnen hat."

„Träume nicht dein Leben – lebe deinen Traum!"

„In erster Linie mache ich keine Filme für Kinder, sondern für das Kind in jedem von uns, egal ob wir sechs oder sechzig Jahre alt sind."

„Ich bin mehr Maus, als man glauben sollte."

Zitate:
Walt Disney

Bildnachweis / Impressum

Alle Bilder © Disney oder © Disney/Pixar, außer: Parkscout S.10-11, S.15, S.19, S. 21-23, S.32 l., S.33, S.35, S.37, S.38 r., S.39, S.42-43; S.47 u., S.49, S.51, S.59 o., S.60, S.62-63, S.65, S.70-71, S.72 u., S.74, S.89 u., S.90-91, S.95, S.101, S.103 u., S.105 l., S.111-112, S.113 u., S.119, S.121-122, S.128 o., S.129 u., S.149 o., S.166, S.168 r., S.178, S.184-186, S.188;

© 2010 Vista Point Verlag, Köln
Alle Rechte vorbehalten
Konzeption, Redaktion und Herstellung: Parkscout, Rödelsee
Layout: Achim Schefczyk

Gedruckt auf chlorfrei gebleichtem Papier

ISBN 978-3-86871-910-9

An unsere Leserinnen und Leser!

Die Informationen dieses Buches wurden von den Autoren gewissenhaft recherchiert und von der Parkscout-Redaktion sorgfältig überprüft. Nichtsdestoweniger sind inhaltliche Fehler nicht immer zu vermeiden. Für Ihre Korrekturen und Ergänzungsvorschläge sind wir daher dankbar.

Parkscout.de
E-Mail: info@parkteam.de
Internet: **www.parkteam.de** / **www.parkscout.de**